KB235444

염^念 불^佛 선^禪

염불하는 자, 이 누구인가?

念佛者是誰

덕산 스님

염_念 불_佛 선_禪

1판 1쇄 인쇄 | 2007년 10월   1일
1판 1쇄 발행 | 2007년 10월 22일
1판 3쇄 발행 | 2009년 10월   6일

지 은 이 | 덕산 스님
펴 낸 이 | 오 세 룡
펴 낸 곳 | 클리어마인드_ (주)지오비스
등록번호 | 제 300-2005-54호
주   소 | 서울시 종로구 수송동 58 두산위브파빌리온 736호
전   화 | 02)2198-5151, 팩스 | 02)2198-5153
디 자 인 | 현대북스 051)244 -1251

ISBN 978-89-958772-6-5   03220

정가 10,000원

염불선

염불하는 자, 이 누구인가?

클리어마인드
CLEARMIND

찬讚

덕산당께서 해가 되어 해를 굴리고
덕산당께서 달이 되어 달을 비추니
사바도 극락도 덕산당으로 온갖 낙 자유요
중생도 부처도 덕산당으로 온갖 낙 행복입니다.

지금 여러분은 필경 이 낙을 함께 누리십니까?

풀잎도 해가 되어 글자마다 우담바라 난발하고
돌멩이도 달이 되어 종이마다 마니보주 쏟아집니다.

하 !

늘누리는 날 영흥 범향배

서옹 대종사의 인가제자인 영흥永興 선사는 진천 불뢰산 불뢰굴에 주석하고 있다.

사람이 본래 부처님이다

"염念이란 각 사람마다 일으키는 현재의 한 생각을 말하고, 부처佛란 사람마다 깨달은 참 성품이다. 지금 한 생각으로 불성을 깨달아 간다면, 이는 곧 근기가 수승한 사람의 염불로서, 부처와 하나임을 확인하는 것이고, 본래 부처인 자리를 떠나지 않는 수행이다." 『대지도론』

우리 인간은 본질적으로 행복 그 자체이며 부처님입니다.

우리가 살고 있는 세계가 그대로 극락이며 천국인데, 인생의 모든 불행과 갈등은 참다운 진리를 깨닫지 못한 어리석은 우리들의 자업자득自業自得이 아닐 수 없습니다. 저마다 지은 바 업에 따라 천차만별인 인간의 고통은 필연적인 인과응보의 죄과罪果입니다. 우리 본래의 참 생명이요 근본 고향인 부처님이 되지 못하는 한 하염없는 인생의 불안과 짖궂은 생사윤회의 굴레는 영구히 벗어날 기약이 없습니다.

싯다르타라고 불리던 한 수행자가 석가모니부처님이 되신 것도 자신의 참 생명이 부처님생명임을 깨달은 것에서 비롯된 것입니다. 다시 말해서, 부처님이 아니었던 사람이 새삼스레 부처님이 된 것이 아닙니다. 본래부터 부처님생명이었던 싯다르타가 자신의 참 생명을 있는 그대로 깨달아 부처님으로 불리게 되었을 따름입니다.

우리 또한 스스로의 생명이 본래 우주를 밝힐 수 있는 대광명이며 부처님생명임을 알아야 합니다. 그것을 알 수 있는 방법이 염불이며 참선입니다.

쉬임 없는 염불과 참선이야말로 석가모니 부처님이 갖은 난행고행難行苦行의 시련 끝에 깨달은 진리의 세계를 향한 길입니다. 이와 같은 진리의 이정표를 따라 함께 나아가는 불자라면 우리는 모두 세상을 밝히는 촛불이 될 것입니다.

모든 불안과 갈등이 없는 영생永生 안온安穩한 진리의 세계를 향해 더욱 정진하는 불자 여러분이 되시길 간절히 기원합니다.

아울러, 이 책이 나오기까지 애를 써주신 민지혜월 보살님, 김성우 작가님, 클리어마인드 오세룡 사장님과 직원분들께 진심으로 두 손 모아 감사 드리는 바입니다.

불기 2551년 10월 13일

덕 산 합장

찬讚_영흥 선사
서문 · 사람이 본래 부처님이다_ 덕산 스님

제 1부 염불하는 자, 이 누구인가?

나의 발심 출가와 구도기 · 12

우주와 하나 된 공空을 체험하다 · 17

백척간두百尺竿頭에서 진일보進一步해야 깨닫는다 · 21

'염불하는 그 놈'이 곧 부처님 자리이다 · 25

관세음 · 지장보살은 근본 당체에서 나온 것 · 30

선禪, 우주를 하나로 보는 마음 · 34

불생불멸不生不滅의 본래 마음 · 38

보고 듣는 마음자리는 생사가 없다 · 41

공空, 언어와 생각 이전의 자리 · 44

'뜰앞의 잣나무'가 달마대사의 마음이다 · 46

우주 그대로 하나의 생명인 반야般若 · 53

호흡지간에 팔만 대장경이 들어 있다 · 56

일심에 갖춰진 불 · 보살의 능력 · 59

별과 깨달음, 물질과 마음은 하나 · 63

본래 부처이기에 부처자리로 돌아간다 · 66

제 2부   염불삼매와 부처행

너와 나, 자연을 하나로 보고 정진하라 • 76

우주를 살림하는 큰 마음을 찾아 쓰라 • 81

진여眞如 자리를 여읜 순간 업이 된다 • 86

진여당체에 마음 두고 염불해야 해탈한다 • 90

일념 정진만이 영험과 깨달음을 낳는다 • 95

깨달은 자는 법의 자리에서 생각하고 행위한다 • 97

염불삼매 얻고 무정설법無情說法 깨달은 소동파 • 99

일상 · 일행삼매로 망념을 항복받으라 • 103

진여당체에 마음을 두고 보시하라 • 105

세상을 내 몸처럼 사랑하고 보살피라 • 108

문자나 형상에 휘둘리지 않는 정진 • 113

백 번 참고 한 번 생각하라 • 118

고삐 풀린 망아지를 염불과 화두로 묶어라 • 122

번뇌가 들어가지 않도록 빠르게 염불하라 • 126

해인삼매에 들어야 우주를 굴린다 • 131

안심安心을 체험해야 수행의 힘을 얻는다 • 134

모든 분별을 내려놓는 순간 깨우친다 • 138

아상我相을 넘어뜨려야 법을 본다 • 144

마음은 항상 담백하고 고요하게 • 150

제 3부   염불선 수행법 1문 1답 • 156

제 4부 역대 고승들의 염불선 법문

도신 대사 _ 염불하는 마음이 부처다 • 172

혜능 대사 _ 아미타불은 생사해탈의 일구一句 • 175

무상 선사 _ 인성염불로 무념에 들라 • 177

영명 선사 _ 염불선은 '뿔 달린 호랑이' 격 • 179

보조 국사 _ 밝게 깨달아 온갖 생각이 끊어져야 참 염불 • 182

몽산 화상 _ 염불하는 자는 어디로 돌아가는가? • 193

태고 선사 _ 마음이 끊어져야 자성미타가 나타난다 • 195

나옹 화상 _ 아미타불 생각생각 잊지 말지니 • 197

서산 대사 _ 염불은 윤회를 벗어나는 지름길 • 200

감산 대사 _ 염불로 생사의 뿌리를 일념마다 잘라나가라 • 204

경허 선사 _ 일심불난一心不亂에 의지해 해탈한다 • 209

허운 대사 _ 듣는 자기의 성품을 돌이켜 들으라 • 212

담허 대사 _ 모든 것이 유심소현唯心所現이다 • 215

전등 대사 _ 자력과 타력이 함께 갖추어진 염불 • 219

인광 대사 _ 수행의 과정이자 성품 자체인 염불법 • 221

묘법 스님 _ '누가 염불하는가?' 의심하라 • 225

청화 스님 _ 바른 성불의 길, 실상관實相觀 • 229

일타 스님 _ 한숨에 108번 불 · 보살 명호를 외우라 • 235

염불하는 자, 이 누구인가?

나의 발심 출가와 구도기

1982년, 군 복무를 마치고 시골에서 농사 일을 돕고 있을 시기였습니다. 온 몸에 극심한 오한과 부종이 생겨, 병원 진찰 결과 '신증후군 Nephrotic syndrome' 이란 진단이 나왔습니다.

요양차 한 사찰에 가서 나름대로 49일 정진을 하던 중, 7일쯤 되던 날 묘한 꿈을 꾸었습니다. 하수구 모양의 둥글고 큰 관 세 개 속에서 수없이 많은 뱀들이 머리를 흔들어 보이는 것이었습니다. 의문이 생겨, 스님들께 여쭤보았지만 스스로 깨달아야 한다는 대답뿐이었습니다. 궁금했지만, 목욕재계하고 하루 한 시간씩 4분 정근을 열심히 할 밖에 별 도리가 없었습니다.

그런데 48일째 되던 날, 신기하게도 대웅전 안에서 수없이 많은 뱀들을 죽이는 꿈을 꾸었습니다. 마지막 하루 정진을 마치고 긴장이 풀린 상태에서 깊은 잠에 빠지게 됐을 때, 역시 꿈을 꾸었습니다. 미륵부처님이 내게 염주를 주셔서 받아 들고 뒤를 돌아 보니, 수 많은 사람들이 흰 옷을 입고 나에게 절을 하는 것이 아닙니까. 그런 일이 있고 나서, 나는 자연스레 출가를 결심하게 되었습니다.

출가 후, 절집안의 살림과 수행을 병행하는 입장이 되면서 초발심 때의 간절한 구도심이 조금씩 퇴색되어 가고 있음을 느낄 무렵이었습니다. '모든 마군으로써 수행을 도와주는 벗을 삼으라.' 는 부처님의 가르침처럼 뜻하지 않게 다가온 어려움을 극복하고자 다시 한번 발심할 수 있는 계기가 있었습니다. 관세음보살 입상을 모시면서 무리하게 사채 빚을 얻었던 것이 매월 이자를 갚아나가는 데 큰 부담으로 다가왔던 것입니다.

수행자의 입장에서 금전에 대한 압박은 실로 적지 않은 것이었기에 그로부터 벗어나기 위한 방편으로 하루 3분 정근의 정진을 시작했습니다. 정진을 시작한지 일주일 정도 되었을까. 정진 중에 크고 밝고 둥근 달 가운데 관세음보살님과 함께 관세음보살님을 옹호하는 수많은 불·보살님의 모습이 선명하게 현전現前하셨습니다. 의식이 분명한 상태에서 불·보살님을 친견한 그때의 벅찬 환희심이란 형언할 수 없을 만큼 큰 것이었습니다. 물론 불·보살님을 형상으로 보았다는 것은 참 모습을 본 것이 아니기에 대수롭지 않을 수도 있지만, 그 당시 나는 그 일을 계기로 더욱 무섭게 정진할 수 있는 용맹심이 솟았습니다.

정진에 대한 확신과 하면 된다는 자신감은 대웅전 불사를 발원하는 새로운 원력으로 이어졌습니다. 출가 전부터 지병인 신장염으로 고생하였기에 한 발짝도 움직일 수 없는 상황이 종종 있었지만, 그 어떤 고통도 정진을 중단할 이유가 되지 않았습니다.

점차 정진에 힘이 붙기 시작했고, 잠자는 시간 외에는 항상 염불선이 이어지고 있음을 느끼게 되었습니다. 그 무렵 곡성 성륜사 조실로 계시던 청화(1924~2003) 큰스님을 친견하여 가르침을 듣는 인연이 있었는데, 나의 평소 수행방법인 염불선에 대해 다시 한번 확신과 자신감을 얻는 계기가 되었습니다. 또한 성철 스님의 "자나 깨나 한결같은 오매일여寤寐一如가 되어야 한다."는 가르침을 떠올리면서 오매일여 진여불성眞如佛性자리를 놓치지 않으려는 몸부림으로 입술은 점점 타들어가고 피가 마르는 듯 했지만, 의식만큼은 날로 소소영영昭昭靈靈해지고 있었습니다.

1992년 4월 2일 관세음보살 입상을 조성하고 점안법회를 봉행하던 날, 혜은사에는 스님과 신도들을 환희심에 젖게 하는 신비로운 현상이 일어나기도 했습니다. 양력으로 5월이었던 이 날은 구름 한점 없이 유난히 햇살이 따가웠는데, 정수리에 얼음물을 적신 수건을 얹어야 할 정도였습니다. 이 날 법회의 증명법사는 무려 40여년에 걸친 장좌불와長坐不臥와 묵언수행으로 이름을 떨친 청화 큰스님이었습니다. 놀라운 일은 큰스님이 사좌좌에 올라 법문을 내리려는 순간에 일어났습니다. 관세음보살상의 머리 위로 갑자기 구름이 모이더니 무지개처럼 오색 영롱한 반원형의 띠가 빛을 비추기 시작한 것입니다.

야단법석에 모인 300여명의 사부대중은 환희심에 술렁이기 시작했습니다. 결국 청화 큰스님은 법문을 마치지 못한 채 30여분이 지나서야 혜은사를 떠났는데, 이때까지 찬란한 오색 띠가 사라지지 않았습니다. 청화 큰스님이 혜은사를 떠나면서 남긴 말씀은 "앞으로 이 도량에 큰 불사가 이뤄질 것"이라는 예시였는데, 큰스님의 말씀대로 혜은사는 날로 면모를 달리하고 있습니다.

이후 1999년 10월, 3,000일 정진을 200여일 앞두었을까? 새벽 정진 중에 문득 우주와 내가 하나 된 그 자리에 이름을 체험하게 되었습니다. 가슴 벅찬 환희심! 충만한 법열法悅! 우주를 다 얻은 것 같은 기분이었습니다. 그저 한없는 눈물이 흘러 내렸습니다. 한편으론 이것을 구하고자 그동안 내가 그토록 죽을 고생을 했나 하는 허망함이 느껴지기도 했지만, 내 일생에 있어 최상의 행복이 무엇인지를 알게 한 일이요, 그러기에 더없이 감개무량한 일이었습니다.

3,000일 정진 공덕으로 인한 불·보살님의 가피가 아닐 수 없었습니다. IMF관리체제라는 경제 한파가 한창 몰아치는 기간 중이었음에도 불구하고 대규모의 대웅전 불사가 별 어려움 없이 준공되었고 지난 2001년 낙성 대법요식을 여법하게 회향할 수 있었던 것도 기적같은 일이었습니다.

저는 이제 남은 생은 마하반야바라밀을 성취하여 구경열반究竟涅槃에 이를 수 있도록 더욱 큰 정진을 이어가면서, 한편으론 부처님의 크신 은혜를 조금이나마 갚아 보고자 신도교육에 힘쓰고 싶습니다. 있다, 없다 입을 떼면 그르칠 것이요. 입을 떼지 않으면 불은佛恩을 저버리는 것이기 때문입니다.

우주와 하나 된 공空을 체험하다

3,000일 정진 중이었던 1999년 10월, 정진에 가속도가 붙어 정진 그 자체로 행복했고, 병고에 시달리던 몸도 많이 가벼워져 있었습니다. 그러나 '진정 나는 누구인가?' 하는 답답증이 가슴 한 구석을 무겁게 짓누르고 있음을 어쩌지는 못했습니다.

그러던 어느 날, 정진 중에 갑자기 머리가 텅 비워지면서 우주가 환히 밝아지고 말과 생각이 끊긴 자리를 또렷이 확인할 수 있었습니다. 어찌, 그 상황을 언어와 문자로써 표현할 수 있겠습니까. 한없는 눈물을 흘리며, 서산 스님의 오도송 가운데, '닭 우는 소리를 듣는 순간, 장부丈夫의 할 일 다 마쳤네.' 라는 말씀을 떠올리며 소리쳤습니다.

“다시는 천하 노스님의 혀 끝에 속지 않으리.”

이 자리를 확인하기 위해 얼마나 많은 시간 동안 몸부림쳤는가 생각하니 분한 마음도 들었지만, 이 때의 환희심은 세상에 나온 이래 처음 있는 일이었습니다. 그로부터 20여일간 나는 자유로운 경지를 느끼며 지냈습니다.

그 일이 있은 이후, 내가 해야 할 일이 무엇인가를 알았고, 경전이나 어록을 봐도 모두 그 자리임을 확인할 수 있었습니다.

『반야심경』에 “관자재보살 행심반야바라밀다시 조견오온개공 도일체고액觀自在菩薩 行深般若波羅密多時 照見五蘊皆空 度一切苦厄”이라 했습니다.

관세음보살이 오묘한 반야바라밀다를 닦으실 때 오온이 공한 것을 비추어 보시고 일체의 고통을 여의었다고 했습니다. 다시 말하면, 관세음보살이 물질과 정신작용이 공한 것을 비추어 보시고 일체고통을 여의고 해탈을 성취하셨다 했습니다. 그러니 업을 녹이고 나를 맑히고 밝히면 우주의 실상을 바로 비추어 볼 수 있습니다.

나를 맑히고 밝히고자 하시면 부지런히 정진하십시오. 초목草木과 국토國土가 모두 성불成佛했다고 했습니다. 두두물물頭頭物物이 부처요, 천지 우주와 내가 이대로 부처라는 마음이 곧 보리심菩提心입니다. 이 보리심으로 부처님 명호를 부르면 참선이 되고, 참 염불이 되며, 또한 염불선이 됩니다.

가장 좋은 생각, 가장 좋은 행동, 가장 좋은 말이 부처입니다. 그 중에 염불은 바로 이런 소중한 부처님 이름을 외우는 수행이므로 수행 중의 수행이 됩니다. 진리 자체, 생명 자체, 광명 자체, 우주 자체를 사모하고 찬탄하는 수행입니다.

염불선은 어느 때나 할 수 있고 누구나 하기 쉬워 제일 좋은 방법입니다. 그래서 부처님께서도 말씀을 많이 하셨습니다. 부처님 경전 200부部 이상에서 염불을 말씀하셨습니다.

아미타불이 다름 아닌 나의 본래 성품자리이며, 나의 마음이라는 '자성미타自性彌陀', '자심미타自心彌陀' 라는 주장은 역대 선사들도 말씀하신 것입니다. 보조지눌 스님이나 나옹혜근 스님, 태고보우 스님 등 한국의 대표적인 선사들이 염불이 선과 둘이 아님을 말씀하셨습니다. 특히 태고보우 선사는 한 걸음 더 나아가 자신에게 찾아온 염불 수행자에게 '아미타불을 염念하는 그 놈은 누구인가?' 하고 물어 자연스럽게 '화두' 에 들게 하였습니다. 『태고어록』에는 이렇게 표현되어 있습니다.

"아미타불의 이름을 마음 속에 두어 언제나 잊지 않고, 생각 생각에 틈이 없도록 간절히 참구하고 간절히 참구하십시오. 그리하여 생각과 뜻이 다하거든 '염念하는 이놈이 누구인가?' 하고 관찰하십시오. 이렇게 자세히 참구하고 또 참구하여, 이 마음이 홀연히 끊어지면, 자성미타가 앞에 우뚝 나타날 것이니 힘쓰고 힘쓰십시오."

여러분!
부디 염불하는 나날이 되십시오. 염불정진으로 여러분 인생의 모든 갈등과 어둠을 몰아내고 행복과 평화가 가득하게 하십시오.

백척간두百尺竿頭에서 진일보進一步해야 깨닫는다

"모든 부처님은 바로 법계法界를 몸으로 하는 것이니, 일체 중생의 마음 가운데 들어 계시느니라. 그러므로 그대들이 마음에 부처님을 생각할 때, 이 마음이 바로 32상相과 80수형호隨形好를 갖춘 원만한 덕상德相이니라. 이 마음으로 부처님을 이루고, 이 마음이 바로 부처님이니라." 『관무량수경』

염불은 부처님을 생각한다는 뜻이지만 부처님이 어디에 따로 계시다고 생각한다면 외도外道의 수행입니다. 생각 이전의 자리, 일체 생명의 근본자리가 부처님 자리이기에 나의 본래면목本來面目의 자리 또한 진여불성眞如佛性입니다. 여기서 '진여'란 진실함이 언제나 같다는 뜻입니다. 우주만유의 실체로서 현실적이며 평등 무차별한 절대의 진리를 가리킵니다.

염불선이란 이러한 진여불성의 자리를 관하며 아미타불이나 관세음·지장보살 기타 불·보살님의 명호를 염念하는 것을 말합니다. 다시 말하면 염불선은 염을 하면서 하는 선수행禪修行입니다. 선dhyana은 원시불교에서부터 깨달음에 이르는 삼학三學의 하나로서 중요시되었으며, 깨달음에 이르는 최고의 수행법으로 간주되었습니다. 그 형식적인 방법은 결가부좌結跏趺坐 또는 반가부좌半跏趺坐를 하고 앉아 두 엄지손가락 끝을 맞대어 단전丹田에 두며, 눈은 반쯤 뜨고 조용히 코로 숨을 쉬며 염합니다.

그런데, 염불할 때 아미타불, 지장보살, 관세음보살 등의 많은 불·보살 명호가 각기 다르다고 생각한다면 이는 염불선이 아닙니다. 우주 현상계는 진여당체에서 다양한 인연에 의해 형상을 나투고, 이름이 붙은 것일 뿐 실은 하나에서 다양한 모습과 이름을 띠고 있는 것이기에 조금도 다르지 않은 하나의 자리입니다. 만약에 불·보살님이 각기 다르다 생각하면 이는 분별심을 내고 있는 것으로 선禪이라 할 수 없습니다. 물이 인연에 따라 다양한 이름과 모양으로 변하지만 본질은 물이듯이, 이 현상계도 다양한 이름과 형상을 띠고 있지만 본래의 성품은 진여불성이기 때문입니다. 따라서 의심하지 않고 인연이 깊은 한 분의 불·보살님 명호를 정해서 염하면 됩니다.

다만 염불 정진을 함에 있어, 우리가 평상시에 하듯이 느리게 또는 소리 내서 한다면 선의 경지를 쉽게 느끼기 어렵습니다. 진여불성에 마음을 두고, 마음으로 아주 빠르게 끊어지지 않고 쉼 없는 정진을 통해서 선을 이룰 수 있습니다.

'인신난득人身難得이요, 불법난봉佛法難逢이라' 했듯이, 어렵게 사람으로 태어나 다행히 불법 문중에 들어왔으면 한 번은 목숨을 건 수행이 꼭 필요합니다. 가행정진加行精進을 한다 하더라도 그 정진이 끊어져서는 안됩니다. 결제와 해제가 따로 없이 성성히 깨어있는 일념이 타파되어야 무념의 경지에 도달하게 됩니다.

나는 출가 전에 얻은 병고로 내내 시달리고 있었습니다. 게다가 청화 큰스님으로부터 염불선에 대한 가르침을 받아 염불 수행을 하는 입장이고 보니, 조계종 수행 풍토가 간화선 일변도인 것으로 인해 심한 소외감을 느껴야 했습니다. 그러나 내게는 스스로의 병고와 주위로부터의 따가운 시선이 오히려 정진하는데 분심과 용맹심을 일으키게 하는 커다란 자극제로 작용했습니다. 병고에 시달리는 내가 누구인지 알기 위해서 또한, '염불 수행자는 외도' 라 하며 인정을 하지 않는 풍토를 쇄신하기 위해서 꼭 깨달아야 한다는 절박감이 저절로 생겼던 것입니다.

따라서 나는 성철 스님의 '오매일여寤寐一如(자나 깨나 한결같이 깨어있는 상태)' 법문에 초점을 맞춰 경내에 '오매일여' 넉 자를 보이는 곳마다 붙여놓고 한 생각 놓치지 않기 위해 안간힘을 쓰며 밀어붙이기에 이르렀습니다.

드디어 3,000일 정진 중 2,600일 쯤 되었을 때 한 생각의 앞이 꽉 막힌 경계에 도달하여 먹고 자고 하는 생각이 끊어진 채 3일을 보냈습니다. 이어서 모든 경계가 끊어진 체험을 하게 되었으니, 그 동안의 병고와 주위에서 나를 힘들게 했던 분들이 오히려 나에게는 큰 스승이었던 것입니다.

'수행하는 데 장애가 없기를 바라지 말라'는 가르침이 있듯이, 수행자에게는 장애가 곧 큰 양약이 될 수 있음을 알아야 합니다. 출가자든, 재가자든 수행의 요체는 다름 아닌 큰 발심發心과 분심憤心, 그리고 의심疑心인 것입니다.

'염불하는 그 놈'이
곧 부처님 자리이다

우리가 공부를 하는 것은 우리가 모두 본래 부처이기 때문에 본래의 부처자리[佛地]로 돌아가기 위해서입니다. 여러분, 본래 마음자리[心地]에 마음을 두는 시간이 바로 부처자리로 돌아가는 순간입니다. 자기 부처님 자리로 돌아가는 방법으로는 참선 수행법이 가장 으뜸입니다. 참선은 자기 참부처님[眞佛]을 참구하는 수행법입니다. 여러분이 염불할 때도 '염불하는 그 놈'이 곧 부처님 자리입니다.

염불할 때는 염불을 빨리 하는 것이 집중하기에 좋습니다. 지장보살님도 결국은 방편이기에, 지장보살에서 '보살'을 떼어내고 '지장'만을 속으로 빨리 염하면 아무 공간에서나 집중할 수 있어요. 그렇게 습관을 들여서 정진하세요. 어떤 수행법이든지 놓치지 않고 계속 할 수 있으면 되는 것입니다. 마음을 집중하기 위한 방편으로 염불을 하고 화두를 드는 것입니다. 마음자리에 두고 하는 것은 염불과 화두가 똑같습니다.

법당에 앉아 열심히 정진하면 좋은 일이 많이 생길 수 있습니다. 세상 탓, 조상 탓 하지 마시고 자기 자신을 탓하셔야 합니다. 똑같은 환경 속에서 살지만, 어떤 사람은 여유 있게 살고 어떤 사람은 그렇지 못하게 사는 것은 그 원인이 모두 자신에게 달려있어요. 모든 원인을 자신에게 돌리고 열심히 정진하면 과거로부터 익혀온 나쁜 습관도 정화가 되고 탁한 기운도 정화가 됩니다.

"고통을 무서워하고 싫어하거든 악한 행위를 하지 말라. 그럼에도 그대가 악한 행위를 계속한다면 그대는 괴로움의 수렁에서 벗어날 수 없으리라." 『소부경전』

여러분이 살아가면서 받게 되는 온갖 고통은 과거 생에 여러분 스스로 지은 업 때문이라고 할 수 있어요. 그러니 참회를 많이 하셔야 합니다. 진짜 참회는 여러분 본래 자리에 마음을 두고 일념으로 정진하는 것입니다. 정진하면서 몸으로 지은 것, 입으로 지은 것을 진심으로 참회하면 자신도 모르게 눈물이 나오고 참회가 됩니다. 자기가 과거 생에 알게 모르게 지었던 것이 참회가 되는 것입니다.

알고 보면 우리가 사는 일상생활은 괴로움의 연속입니다. 그것을 현실로 받아들여야 되는데, 살다가 좋은 일이 생기면 잠시 잊었다가 금방 괴로워지는 것이 우리 인생입니다. 특히 모든 병고의 원인은 살생에 있습니다. 우리 불자님들, 살생은 반드시 끊으셔야 합니다. 낚시 좋아하는 분들은 낚시도 다른 생명에게 고통을 주는 것이므로 과보가 무겁다는 사실을 유념해야 합니다. 이미 살생업을 지으신 분들은 본인이 살생한 과보를 기꺼이 받아들이되, 본래 마음자리를 놓치면 안 됩니다.

마음자리를 놓치는 그 순간, 업을 짓는 것임을 알아야 합니다. 좋은 생각이든, 나쁜 생각이든 모두 업이 되는 것입니다. 겨울에 모진 바람을 참고 이겨낸 다음에 피는 꽃이 향기가 더욱 그윽하듯이, 우리도 어떤 인고忍苦의 과정이 필요합니다. 자기 자신과의 처절한 싸움을 통해서 진짜 주인노릇을 할 수 있어요.

몸이 조금만 피곤하고 아프면 '다음에 해야겠다' 고 생각하는 그 마음이 장애입니다. 우리 몸은 아무리 잘 먹이고 입히고 화장을 한다고 해도 결국 없어지고 마는 것입니다. 여러분도 언젠가는 다 죽습니다.

제대로 참선이 안된다고 해도 노력만 하시면 극락에 갈 수 있습니다. 다시 태어나서 고생하지 마시고 금생에 부지런히 닦아서 극락에 들어 가십시오.

“진리를 보는 자는 마치 횃불을 들고 캄캄한 방에 들어가는 것과 같아서 어둠은 곧 없어지고 밝음이 나타난다. 그와 같이 도를 닦아 진리를 보면 무지는 없어지고 지혜의 밝음만이 영원히 남게 된다.”

『사십이장경』

우리는 1분 후에 일어날 일도 전혀 모르고 살아갑니다. 캄캄한 어둠 속에 살고 있는 것이죠. 그러나 진리의 눈이 밝아지면 앞 일에 대한 지혜가 생깁니다. 부처님께서 '일체가 다 마음에 의해서 지어진다[一切唯心造]' 하는 말씀을 하셨을 때, 대부분이 알아듣지 못했습니다. 진리 차원에서 이 우주를 분석해 보면 하나의 마음으로 되어있어요. 하나의 마음에 의해서 이 우주는 존재하고 발전이 되는 것입니다. 이 도리를 아는 것을 우리가 『천수경』에서 '무상심심미묘법無上甚深微妙法 백천만겁난조우百千萬劫難遭遇' 라 하지요. '무상심심미묘법' 이란 위없이 깊고 미묘한 법, 즉 성철 스님께서 말씀하셨듯이 '참 공한 가운데 묘한 것이 다 들어 있는 자리[眞空妙有]' 를 이야기하는 것입니다.

부처님 말씀에 대한 지혜의 눈을 뜰 수 있도록 경전공부도 부지런히 하시고, 참선정진도 열심히 하십시오. 우리가 이런저런 일들로 하루하루 답답하고 복잡한 삶을 사는 것이 사실입니다만, 그럴 때마다 여러분이 각자 염불을 꾸준히 하시게 되면 언젠가 지혜의 밝음을 직접 체험하게 될 것입니다. 마음을 자꾸 다잡아서 공부다운 공부를 해보시기 바랍니다.

관세음 · 지장보살은
근본 당체에서 나온 것

"그대의 용모는 쇠약하다. 그대의 몸은 병들었고 부패되었다. 그대의 생명은 늦가을 버려진 표주박과 같고 길가에 뒹구는 백골과 같다. 그대는 결국 죽음으로 돌아갈 것이다. 뼈를 가지고 만든 성위에 피와 살을 씌우고 늙음과 죽음, 도도함과 위선으로 장식한 거기에 무슨 즐거움이 있겠는가!"『소부경전』

부처님 당시에 부정관不淨觀이라는 수행법을 가르쳤습니다. 부정관이란 우리 몸에 가래, 고름, 피, 눈물, 콧물, 오줌 등과 같은 갖가지 더러운 것들이 가득 차 있음을 주의 깊게 관찰함으로써 몸에 대한 집착과 욕망에서 벗어나게 하는 수행법이죠. 그런데 실제로 우리는 몸을 얼마나 애지중지 하고 있습니까? 배가 고프면 먹여줘야 하고, 아프다면 치료해야 하고, 피곤하다면 쉬어줘야 하고, 이렇게 평생 아끼고 집착한단 말입니다. 그렇게 아끼던 육신도 숨이 멈추고 1주일만 그대로 놓아두면 썩어서 도저히 볼 수가 없어요. 그런 부정한 물질로 이루어진 몸인데도, 몸에 대한 집착으로 본래의 참나는 외면하고 살고 있습니다.

여러분의 몸은 각자 나름대로 피곤하고 불편하거나 안 좋은 데가 다 있어요. 그것을 보고 부처님께서는 "그대의 용모는 쇠약하다." 하셨습니다. 우리 육신이란 것은 어떻게 보면 미물보다도 못할 때가 있어요. 우리 주위에 보면 바로 얼마 전에 함께 이야기하던 사람이 금방 어디 가서 사고가 나는 경우가 있습니다. 그처럼 죽음은 예고가 없습니다. 누구나 피할 수 없는 죽음을 맞이해서 육신을 매장하면 그 육신은 자연으로 돌아갑니다. 뼈와 살이 썩어서 흙이 되고, 피와 수분은 물로 돌아가고, 몸 안의 따스한 기온은 따듯한 기온으로 돌아가는 거예요.

우리가 무시이래無始以來 윤회하면서 받은 이 몸이 결국은 자연입니다. 자연이 곧 우리의 몸이라는 말씀입니다. 이러한 진리를 모르고 개

발과 발전만 추구하여 자연을 마구 훼손한 현대인은 자연으로부터 재앙을 피할 수 없게 되었죠. 우리는 현재의 심각성을 바로 알고 비록 늦었지만 가정에서부터 자연을 오염시키는 일이 없도록 마음을 써서 생활해야 하겠습니다.

우리가 80년을 산다고 해도 겁劫이라는 시간 차원에서 보면 1초도 안 되는 시간입니다. 굉장히 짧은 인생이죠. 지나온 세월을 뒤돌아보면 꿈 꾼 것처럼 허망하지 않습니까? 우리 육신이란 것은 그렇게 무상無常한 존재예요. 우리 육신뿐만 아니라 모든 물질은 무상한 존재이기 때문에 가합假合(임시로 모인 것)으로 이루어졌다고도 말합니다. 그래서 『금강경』에서는 "일체 법은 꿈과 같고 그림자 같고 물거품 같다."고 비유를 했어요.

육신에 대한 집착에서 벗어나 부처가 되기 위해서는 인내심을 가지고 힘들어도 끊임없이 정진을 해서 과거의 업력을 다 물리치고 항복을 받아 내야 합니다. 절에 나오지 못하더라도 아침에 조금 일찍 일어나셔서 정진을 할 수 있어야 해요. 마음 밖에 어느 누구도 여러분들 업을 소멸시킬 수 있는 사람은 없습니다. 관세음보살님도 지장보살님도 모두 여러분 본래의 부처자리 가운데 갖춰져 있습니다. 우리 육신은 스스로 지은 업에 의해 인연 따라 받은 거예요.

여러분들이 덥고 추운 것을 느끼는 것도 몸을 통해 마음이 작용하는 것입니다. 깊은 삼매三昧에 들어가면 덥고 추운 것도 모릅니다. 왜냐하면 마음에는 모양이 없기 때문에 춥거나 덥거나 하는 차원이 아니에요. 모양은 없지만 여러분이 덥고 추운 것을 느끼게 하는 근본 당체當體가 바로 여러분들의 주인이요, 참 모습입니다.

모든 것을 마음의 눈으로 보면 걸림이 없습니다. 마음이 주인이기에 그 마음을 잘 쓰면 과거 현재 미래를 비추어 볼 수 있는 능력을 다 가지고 있어요. 무시이래 자신의 참모습을 등지고 살아왔기에 부처님과 똑같은 능력을 가지고 있음에도 불구하고 어렵고 괴롭게 살고 있는 것이에요. 그것을 『반야심경』에서는 전도몽상顚倒夢想이라고 해요. 그래서 참선을 자꾸 하셔야 합니다. 항시 한 순간이라도 자신을 찾는 공부에서 물러섬이 없어야 하는 이유입니다.

선禪, 우주를 하나로 보는 마음

선禪이란 본래 부처님 자리, 본래 나의 모습 자리를 말합니다. 우주를 하나로 보는 그 마음이 바로 선입니다.

과거칠불過去七佛 가운데 한 분인 비바시불毘婆尸佛이 남겨 놓은 깨침의 게송에 이런 것이 있습니다.

몸은 형상이 없는 데에서 생겼나니[身從無相中受生]
온갖 형상을 환술로 만드는 것과 같네[猶如幻出諸形相].
환술로 만들어진 사람에게는 마음이 본래 없으니[幻人心識本來無]
죄와 복은 모두 공하여 머물 곳이 본래 없네[罪福皆空無所住].

‘몸은 형상이 없는데서 생겼나니.’ 여기서 몸은 이 우주의 모든 물질을 이야기 하는 것으로 『반야심경』에서의 색色을 말하는 것입니다. 즉 물질을 의미합니다만, 이 물질은 곧 마음이에요. 마음은 있다고 할 수도 없고, 없다고 할 수도 없습니다. 그래서 마음의 세계를 공空으로 표현한 것이죠. 마음과 물질은 하나입니다. 물과 얼음이 겉보기엔 둘 같지만 본질은 하나인 것처럼 말이죠. 모든 존재는 형상이 없는 데에서 단지 인연에 의해 생겨납니다.

‘환술幻術이 온갖 형상을 만들어낸 것과 같네.’ 마술사가 마술로써 갖가지 모양을 다 만들어 내지요? 그와 마찬가지로 이 우주의 모든 존재도 번뇌라고 하는 집착하는 작용에 의해서 생겨난 것이라는 뜻이에요.

‘환술로 만들어진 사람에게는 마음이 본래 없으니.’ 사람 또한 번뇌와 집착이라고 하는 환술로 만들어졌으니, 마음이랄 것도 본래 없는 것이죠. 마음은 당체當體에 이름을 붙일 수 없다고 했지요. 다만, 부처님이 중생을 이해시키기 위해 마음, 부처, 혹은 불성, 법성法性, 관세음보살, 지장보살 등의 온갖 이름을 붙인 것이지, 진리 그 당체에는 결코 이름을 붙일 수 없습니다. 너의 마음과 내 마음이 서로 다른 것이 아니라는 것을, 그 당체가 하나라는 것을 일단 믿어야 해요.

‘죄와 복은 모두 공하여 머물 곳이 본래 없네.’ 죄와 복은 모두 공하여 죄가 따로 어디에 있고, 복이 따로 어디에 있는 것이 아니라는 것이죠. 우주를 하나로 보는, 즉 반야를 이야기하는 것입니다. 『금강경』에 "만약 어떤 사람이 칠보七寶로써 끝없는 보시를 한다 해도, 사구게四句偈 한 게송을 설한 것만 못하다." 라는 구절이 있는데 여기서 사구게 역시 반야를 표현한 것입니다.

물질이란 것은 시작과 끝이 있지만, 진리라는 것은 우주 전체와 하나이기에 복福 하고는 비교가 안 되는 것이죠.

예를 들어, 여기 두 사람씩 두 팀이 똑 같은 거리의 길을 걸어간다고 생각합시다. 한 팀은 만나기만 하면 싸우는 사람들이고, 한 팀은 사이가 좋은 두 사람이에요. 만나기만 하면 싸우는 팀은 길이 아주 멀게 느껴져요. 그러나 사이가 좋은 두 사람은 사이 좋게 이야기하면서 걸으니 시간이 가는 줄도 모르고 가게 됩니다. 전자는 서로에게 걸리는 것이 많으니 길이 멀고 지겨운 것입니다. 후자는 사이 좋게 이야기하며 하나가 되니 시간관념도 없고, 걸리는 것도 없고, 거리도 느껴지지 않는 것입니다.

이처럼 너와 내가 구분이 되어 있으면 만사가 괴로운 것이에요. 반야에서 비추어 보는 것처럼 너와 내가 없어야 합니다. 이러한 진리를 비바시부처님께서 게송으로 표현해 주신 거예요. 그러나 진리 그 당체에 대해서는 말씀을 하지 않았습니다. 이것만 보고는 우리가 이해를 할 수 없기에 우리 자신이 깨달아야 합니다. 둘이 아닌 하나의 원리를 체험해 보면 다 알게 되어 있어요. 하나인 세계에서는 일체 괴로움이 없어요. 불교를 믿는 것은 깨닫기 위해서이지, 무엇을 얻기 위해서가 아님을 기억하시기 바랍니다.

불생불멸不生不滅의 본래 마음

사대를 빌려서 몸으로 삼았고 [仮借四大以爲身]

마음은 본래 생겨나지 않았으나

대상을 따라서 있게 되었네 [心本無生因境有].

앞에 대상이 없다면 마음 또한 없으니 [前境若無心亦無]

죄와 복도 환술과 같아 생겼다가 사라지네 [罪福如幻起亦滅].

이 게송은 과거 장엄겁 때의 비사부부처님毘舍浮佛이 설하신 노래입니
다.

'4대를 빌려서 몸으로 삼았고'에서 4대는 물질을 말합니다. 물질은

지 · 수 · 화 · 풍 네 가지 원소로 이루어졌어요. 물질로 이루어진 것은 1초도 머물러 있는 것이 없어요. 변하는 것입니다. 물거품 같은 것이에요. 이러한 사대를 빌려서 우리 몸으로 삼았다는 것입니다.

'마음은 본래 생겨나지 않았으나' 에서 진여당체의 마음, 생각하기 이전의 본래 마음은 수억 겁 전이나 수억 겁 이후에도 항시 그 자리입니다. 예를 들면, 누군가 진주를 진주인지 모르고 이리 저리 굴려서 진주에 때가 끼었다고 합시다. 진주에 때가 끼었다고 해서 진주가 아닌가요, 그대로 진주입니다.

우리의 마음 또한 불생불멸不生不滅한 것임에도 우리가 그것을 모르고 살았던 것 뿐입니다. 그것을 모르고 육안을 통해 시비분별하기에 업을 짓는 것이에요. 스스로 지은 업으로 인해 수없이 몸을 바꾼다고 해도 그 마음 당체는 그대로 그 자리라는 것입니다. 그 당체는 수억 겁 전이나 지금 이 자리나 똑 같은 자리예요. 본래 진여당체 자리는 모양이 없으니까 더럽고 깨끗한 것도 없고, 늘어나고 줄어드는 것도 없을 뿐 아니라 생겨나고 멸함도 있을 수 없는 것입니다.

'대상을 따라서 있게 되었네.' 라는 것은 스스로 지은 업과 인연에 따라 지 · 수 · 화 · 풍 4대로 이뤄진 몸뚱이, 혹은 물질이 생겨남으로써 마음이 있게 된다는 말씀입니다.

'앞에 대상이 없다면 마음 또한 없으니.' 라고 한 것은 모든 물질의 근본은 물질이 아니라 마음이기에, 대상을 보되 물질이 아닌 마음으로 보면 마음은 모양이 없기에 없다는 것입니다.

'죄와 복도 환술과 같아 생겼다가 사라지는 것' 입니다. 어떤 일을 시작할 때 이것은 복이 되고 이것은 죄가 된다는 생각에서 행하게 되면 행한 만큼 일어났다가 다시 없어지고 맙니다. 그것은 진실한 것이 아니니까요. 그래서 여러분들이 반야 도리를 이해하셨다면 부모나 남편 혹은 자식을 대할 때에도 그들과 우주가 하나라는 생각의 차원으로 해야 합니다. 그러면 그 행은 이미 우주를 상대로 하는 것이기에 끝이 없는 복이 됩니다. 이것이 보살행이에요. '무상심심 미묘법無上甚深微妙法' 이란 바로 이런 법을 말하는 것입니다.

내 마음과 네 마음이 따로 있는 것이 아니라 우주는 하나의 마음이라는 것을 알아야 합니다. 그 마음을 우리는 인격적으로 부처님이라고 합니다. 우주가 하나의 마음이라는 것에 마음을 두고 여러분들이 관세음보살을 찾는다면 그것이 염불선이 되는 것입니다. 죄라는 것도 복이라는 것도 따로 존재하는 것이 아닙니다. 우주를 하나로 보고 행하면 우주를 상대로 행한 것이기 때문에 끝이 없는 복이 되므로 따로 복이란 것이 있을 수 없습니다. 우주와 내가 하나가 되었기 때문에 우주가 곧 내 살림이 되는 것입니다.

보고 듣는 마음자리는 생사가 없다

부처란 몸을 보지 않아도 부처인 줄 알지만 [佛不見身知是佛]
만약 진실로 안다면 부처가 따로 없네 [若實有知別無佛].
지혜로운 이는 죄의 성품이 공한 줄 잘 알아서 [智者能知罪性空]
걸림이 없이 생사에 대해 두려워하지 않네 [坦然不怖於生死].

이것은 현겁의 두 번째 부처님이신 구나함모니불 [拘那含牟尼佛]의 게송입니다.

'부처란 몸을 보지 않아도 부처인 줄 알지만, 만약 진실로 안다면 부처가 따로 없네.' 사람들은 부처의 몸을 볼 수 없습니다. 진여 그 당체에서는 있다는 말도 없다는 생각도 그르치는 것이기 때문에, 그 자리를 놓고 부처라고 해도 그르치는 것입니다. 그 자리는 마음이라는 이름을 붙여도 그르치는 것이며, 만약 진실로 그 도리를 안다면 부처가 따로 없는 것입니다.

'지혜로운 이는 죄의 성품이 공한 줄 잘 알아서.' 여기서 '지혜로운 이'라 함은 우주와 내가 하나인 도리를 아는 사람을 말하는 것으로 지혜나 반야와 같은 말입니다. 우주와 내가 하나인 도리를 잘 알면 죄의 성품 또한 공한 줄 잘 안다는 것이죠.

'걸림이 없이 생사에 대해 두려워하지 않네.' 본래의 그 마음자리에는 생사生死가 없는 것입니다. 그런데 우리는 그 자리를 잘못 보고 육신을 나로 알아 분별하고 집착하면서 어렵게 살고 있어요. 그것 때문에 자성自性을 되돌리지 못하고 다시 파동에 의해 인연 따라 태중胎中에 들어가는 것입니다. 태중에 들어가면 우리는 다시 태어났다고 하지만, 진짜 나는 몸만 바꾼 것이지 태어난 것이 아닙니다.

사람이 보고 듣는 마음자리에는 생사가 없어요. 『반야심경』에 나오는 '불생불멸 불구부정 부증불감不生不滅 不垢不淨 不增不減', 즉 '모든 법의 공한 이 실상은 생기거나 없어지는 것도 아니고, 더러운 것도 깨끗한 것도 아니며 더해지는 것도 덜해지는 것도 아니다.'는 법문도 다 같은 뜻이에요. 그 도리를 알면 두려움이 없어요. 생사가 없는데 두려울 것이 뭐가 있겠습니까. 따라서 언제나 그 자리에 마음을 두고 정진하는 것이 참 수행인 것입니다.

공^空, 언어와 생각 이전의 자리

대승불교의 핵심사상이 일체유심조一切唯心造입니다. 일체가 오직 마음으로 지어진다는 뜻입니다. 다시 말씀드리면, 일체가 마음이라는 뜻입니다.

'마음'이라 하지만, 지금 우리가 시시때때로 분별하는 그 마음을 마음이라 하지는 않습니다. 그 마음은 번뇌입니다. 모든 경계가 끊어진 마음이라야 '참 마음[眞心]'입니다. 이 자리는 문자와 언어로 표현 할 수 없는 자리이자 생각 이전의 자리입니다.

이 경계를 우리는 진리라 합니다. 또는 반야요, 불성이요, 법성이요, 무아요, 진여요, 중도요, 주인공이요, 관세음보살이요, 지장보살이요,

약왕보살이요, 진공묘유眞空妙有요, 선禪이요, 부처님이요, 또는 공空이라 합니다. 우리 불자님들께서는 공을 바로 이해를 하셔야 반야를 의지하여 정도正道 수행을 할 수 있습니다.

이러한 '공사상'은 『반야경』을 비롯한 대승경전에서 특히 강조되고 있습니다만, 이것은 물질을 떠난 자리이기 때문에 모양으로 존재하지는 않습니다. 그러나 모양이 없다 하여 아주 없는 것 또한 아니니, 모양이 없기 때문에 있다고 할 수 없습니다만, 모양이 없다고 하여 아주 없는 것 또한 아니어서, 이것을 있다고 해도 진리가 아니며 또한 없다고 해도 진리가 아닌 것입니다.

다시 말해서 그 근본이 어디 있고 없는 것이 아니라, 우주가 그대로 하나의 생명이며 불성으로 꽉 차 있는 그것을 반야라 하기도 하고, 공이라 하기도 하며, '마음부처[心佛]'라 하기도 하는 것입니다.

그러나 그것은 단지 이름에 지나지 않는 것으로 문자와 언어, 시간과 공간, 그밖에 어떠한 분별도 떠난 자리입니다. 그리기에 '공'이나 '반야' '부처님' 등 근본 진여자리를 말로써 설명한다는 것은 석가모니부처님, 아니 과거 천불千佛, 미래 천불이나 역대 조사스님들이라 할지라도 이미 그르칠 수밖에 없는 도리인 것입니다.

'뜰앞의 잣나무' 가
달마 대사의 마음이다

우주의 근본 종지宗旨 차원에서는 일체중생一切衆生 (생명을 갖추고 있는
모든 존재)과 부처님이 조금도 다르지 않습니다. 하지만 육신을 나로 삼
고, 나와 상대를 둘로 보는 분별로 인해 업을 짓고 업에 끄달려, 본래
부처인 줄 모르므로 석가모니부처님이 도솔천 내원궁에 계시다가 사
바세계 중생을 제도하실 때가 되어 가비라국 정반왕의 부인이었던 마
야 부인의 태胎에 드셨습니다.

세상에 출현하시면서 두루 일곱 걸음을 걸으시며 사방을 돌아보시
고 한 손은 하늘을 가리키고 한 손은 땅을 가리키면서 "하늘 위나 하

늘 아래 오직 나 홀로 존귀하다." 하셨습니다. 이 '천상천하 유아독존
天上天下 唯我獨尊' 이란 선언은 석가모니부처님만 홀로 존귀하다는 것이
아니라, 우주의 근본 진여자리에 있어서는 부처님과 우리가 다 같이
존귀하다는 것이며, 하늘 위나 하늘 아래 그 어느 것에도 비교할 수
없는 것임을 의미합니다.

싯다르타 태자가 성도하기 이전의 모습은 석가모니부처님께서 중생
을 제도하기 위해 하나의 상相을 나투신 것입니다. 동문東門에서 병자
를, 서문에서 노인을, 남문에서 장례행렬을 본 것은 중생에게 있어 가
장 근본적 고통의 원인인 노·병·사老病死를 접한 것이고, 북문에서
출가 사문沙門을 보게 되면서 출가를 결심하게 됨은 노·병·사 문제
를 해결하기 위한 출가의 길이 있음을 우리에게 보여주신 것입니다.

또한 출가 후 6년동안 고행苦行하시다, 고행을 버리고 보리수나무 아
래서 좌선하다 납월(음력 12월) 8일 새벽, 동쪽의 별을 보시고 성불하
신 과정을 통해 당시 인도에서 성행하던 고행위주의 수행으로서는 성
불할 수 없음을 몸소 보여주신 것입니다. 고행은 육체의 고통으로 깊
은 삼매에 들지 못하는 수행방법임을 가르쳐 주셨음이며 재물, 명예
등 인간이 추구하는 것으로도 영원한 행복을 성취할 수 없고 오로지
성불을 통해서 모든 고통에서 벗어날 수 있음을 보여 주신 것입니다.

부처님의 제자 가운데 한 사람이 수행을 지루하게 생각하고 정진을

못하자, 부처님은 "출가 전에 무엇을 했느냐?"고 물으셨습니다.

그가 거문고를 탔다고 하자, 부처님은 다시 "거문고 줄을 느슨하게 하면 소리가 나느냐?"고 물으셨습니다. 그러자 그는 "줄을 너무 느슨하게 하면 거문고 소리가 늘어지게 되고, 반대로 너무 팽팽하게 조이면 강한 소리가 나기 때문에 아름다운 소리를 얻지 못합니다." 라고 대답했습니다. 이에 부처님께서는 "수행도 그와 같다."고 말씀하시며 중도中道의 가르침을 주셨다는 일화가 전해지고 있습니다.

부처님께서 고행을 버리고 보리수나무 아래에서의 명상, 즉 좌선수련을 통해 성불하심은 이와 같은 중도의 모습을 취한 것입니다. 부처님께서 결국 고행을 버리고 중도를 취하시어 납월 팔일 성도成道하신 후 21일 동안 삼매에 들어 『화엄경』을 설하시고 12년간 『아함경』을 설하셨으며, 8년간 『방등경』을 설하시어 제자들이 법에 눈을 뜨게 되자, 반야 600부를 60회에 걸쳐 설하셨습니다.

그 가운데 『금강경』은 팔만대장경을 다 함축하고 있으며, 또한 '금강金剛'은 『금강반야바라밀경』을 다 함축하고 있습니다. 금강은 물질 가운데 가장 단단한 다이아몬드를 비유한 것으로, 다른 모든 물질을 다 부술 수 있는 가장 강한 것을 상징하며, 바로 우주의 진여眞如자리를 이르는 말입니다. 우주의 진여자리에서 볼 때는 모든 존재가 한 순간에 무너지는 도리이며, 태양도 달도 그 빛을 잃고 천지가 진동하는 순간입니다. 우리가 보고 듣는 것은 마음이 있기 때문인데, 마음에서 생각을 일으키는 것은 번뇌이지만 생각을 일으키기 이전의 자리가 바로 본래 마음이고 금강이며, 석가모니 부처님의 근본과 조금도 다르지 않은 자리인 것입니다.

모든 물질의 최소단위를 현대물리학에서는 소립자素粒子라 하는데, 이것을 전자현미경으로 만 배 확대해서 비춰 봐도 정확히 확인할 수 없으므로 현대과학에서도 물질의 본질은 확인할 수 없는 것으로 단정 짓고 있습니다. 하지만 불법佛法의 차원에서 보면 소립자 이전의 자리가 바로 마음이고 금강인 것입니다. 그 자리는 모양이 없기 때문에 진동도 없는 것이로되, 진동이라 생각하면 이미 번뇌인 것입니다. 다만 그 마음에서 진동을 일으킴으로 인해 소립자의 음과 양이 발생되고 또한 일체 존재하는 것의 모습을 이루는 것입니다.

금강은 우주의 진여자리를 이르는 말로 불생불멸不生不滅이며 불구부정不垢不淨이고 부증불감不增不減이며 생각을 일으키기 이전의 자리를 굳이 말로 표현한 것입니다.

『열반경』을 보면 다음과 같은 게송이 나옵니다.

제법종본래諸法從本來　　상자적멸상常自寂滅相
불자행도이佛者行道己　　내세득작불來世得作佛

제법이 본래부터 항상 스스로 적멸[寂滅]해 있으니, 불자가 이 길 행해다하면 오는 세상 반드시 성불할 것이라는 가르침입니다. 항상 적멸한 그 자리에 마음을 두는 것을 '반야'라 합니다. 생각을 일으키기 이전의 자리가 바로 '진정한 나'라 할 수 있습니다.

한 스님이 조주 스님께
"달마 스님이 서쪽에서 오신 뜻은 무엇입니까?"
하고 묻자, 조주 스님은
"뜰 앞의 잣나무니라[庭前栢樹子]."
라고 답하셨습니다.

그 질문을 했던 수행자는 부처님과 조금도 다르지 않은 도를 깨쳤다고 하는 조주 스님께서 '왜 뜰 앞의 잣나무라고 했을까?' 하는 강한 의문이 생길 수밖에 없는데, 이것이 본질을 깨치기 위한 화두를 주는 것입니다.

조주 스님이 하신 말씀은 결코 거짓일 수 없습니다. 달마 스님이 서쪽에서 오신 본래 뜻은 뜰 앞의 잣나무와 그 근본이 조금도 다르지 않기 때문입니다. 만약 여러분이 달마 스님과 뜰 앞의 잣나무를 다르다 생각하면 그것은 분별이요, 상相인 것입니다. 근본으로 봤을 때는 달마 스님의 마음이나, 잣나무나, 조주 스님의 마음이나 조금도 다르지 않기 때문입니다.

처음, 경학을 연구하시던 임제 스님이 "경經은 길에 지나지 않는다." 하시며 '마음이 곧 부처[卽心卽佛]'라고 가르치는 황벽 스님을 찾아가 3년 동안을 아주 열심히 정진했습니다. 하루는 "3년 동안 정진했으니 공부점검을 해 보라."는 한 스님의 권유에 따라 임제 스님이 황벽 스님 방에 들어가 먼저 삼배를 올렸으나, 말도 꺼내기 전에 황벽 스님으로부터 30방을 맞고 나오게 되었습니다. 공부점검은 커녕 매만 맞고 나온 임제 스님은 "두 번째는 다르겠지." 하며 다시 황벽 스님을 찾아가 삼배를 올렸습니다. 그러나 이번에도 절을 하자마자 방망이로 30방을 맞고 나왔습니다. 한마디 말도 하지 않았는데, 두 번이나 두드려 맞은 임제 스님이 마침내 황벽 스님 곁을 떠날 것을 결심했는데, 떠나기 전, "큰스님께 인사라도 드리라."는 주변 스님의 권유에 임제 스님은 세 번째로 황벽 스님을 찾아가 인사를 올립니다.

그때 황벽 스님이 임제 스님에게 말했습니다.
"대우 스님을 찾아 가거라."
대우 스님을 찾아간 임제 스님이 그동안 황벽 스님 문하에서 있었던 일을 모두 이야기하자, 대우 스님이 한마디 일렀습니다.

"그렇게 노파심에서 가르쳐 준 것을 알아듣지 못했느냐?"

그 한 마디에 임제 스님이 확철대오廓徹大悟하며 혼자 중얼거렸습니다.

"황벽의 법도 별 것 아니구만."

"너 지금 뭐라고 했느냐?"

이렇게 대우 스님이 다그치자, 임제 스님이 대우 스님의 옆구리를 탁! 탁! 탁! 세 번 쳤습니다.

이리하여 대우 스님은 임제 스님의 공부를 인가하였으나, 다시 황벽 스님을 찾아가 인가를 받게 하였습니다.

이렇게 물질이 아닌 근본 자리를 놓고 선문답을 할 경우, 입을 떼면 번뇌이기에 그르치게 되는 것입니다. 그 자리를 일러 바로 '금강' 이라 하는 것입니다.

우주 그대로 하나의 생명인 반야般若

'반야般若'는 범어이고, '지혜'는 중국에서 번역한 말입니다. 지혜란 것은 '모양이 없는 근본'(금강)에 마음을 두고 작용을 일으키는 것을 이르는 말입니다. 허공이 법을 청하거나 설할 수 없고, 우리의 사대四大 (땅·물·불·바람) 육신 또한 법을 청하거나 설할 수 없지만, 우주의 근본은 모양이 없어도 법을 듣기를 원하고 청하기도 합니다. 이것이 반야입니다.

이 말하고 들을 줄 아는 '한 물건[一物]'이 하늘과 땅에 꽉 차 있으며, 능히 법을 듣기도 하고 청하기도 하는 것입니다. 행주좌와 어묵동정 (움직일 때, 머물러 있을 때, 앉아 있을 때, 누워있을 때, 말할 때, 말하지 않을 때,

생각을 일으킬 때, 생각을 일으키지 않고 고요할 때) 언제 어느 곳에 있을 때나 그 금강의 자리에 마음을 두고 쓰는 것을 또한 반야라 합니다. 이 한 물건이 온갖 변화에 처하되, 모든 근본을 투시하여 어떤 것을 보고 듣던 간에 동요하지 않으며 백겁천겁이 지나도 조금도 변함이 없는 자리를 금강에 비유한 것입니다. 또한 일체의 모든 것을 근본에 마음을 두면 번뇌와 망상들을 베어 끊음이 금강의 예리함과 같으니 이를 금강이라 한 것입니다.

따라서 '마하摩訶반야' 와 '금강반야' 는 같은 말입니다. '마하' 는 우주의 근본(체 · 법성 · 불성)이며 모양이 없는 하나로 우주 공간에 꽉 차 있어서, 그보다 큰 것이 없고 밝은 것 또한 없습니다. 바로 이를 '마하' 라 하기도 하고 '금강' 이라고도 합니다. 그 근본이 어디 있고 없는 것이 아니라, 우주가 그대로 하나의 생명이며 불성으로 꽉 차 있는 그것을 반야라 합니다.

흔히 깨달은 사람을 일러 '바라밀波羅蜜을 성취한 사람', 중국에서는 이를 도피안到彼岸(저 언덕에 이르다)이라 합니다. 바라밀(도피안)은 모든 물질을 초월한 자리, 즉 금강의 자리를 말합니다. 금강의 자리를 마음에 두고 행주좌와 어묵동정에 여여할 수 있다면 그것이 도피안이며 바라밀인 것입니다.

그러나 어리석은 사람(중생)은 본질을 보지 못하고 겉만 보고 끄달리며 부처를 등지고 사는데, 이를 차안此岸(이 언덕)에 있다고도 합니다. 마하반야가 우주를 하나로 그 근본을 보는 지혜라면, 바라밀은 마치 금강맥을 캐면 금방 금으로 쓸 수 없고 순금을 추려내는 과정이 필요하듯이, 본래가 부처임을 믿고 꾸준히 닦아나가는 것을 이르는 말입니다. 금강반야의 도리를 깨닫고 그에 마음을 의지해서 닦아나가는 바라밀을 행하게 되면, 범부와 보살이 번뇌를 끊고 성불하기까지의 경계를 지나가는 상태인 '두 가지 죽음의 바다[二死海]'와 법신, 반야, 해탈의 삼덕三德을 얻는 것입니다.

호흡지간에
팔만 대장경이 들어 있다

반야바라밀이여!
이 경經은 모양과 소리가 아니거늘
당언唐言으로 부질없이 번역하고
범어梵語로 굳이 이름을 두었도다.

발을 거두니 가을빛이 차고
창문을 여니 서기가 맑도다.
만약 이렇게 능히 안다면

제목이 심히 분명하다 하시니라.

이 게송을 풀이하면 다음과 같습니다.

"반야바라밀(근본 진여자리)이여. 이 경은 모양과 소리가 없는 것이지만, 중생제도를 위해 당나라의 한문으로 번역하고 인도말로 부처님의 뜻을 번역한 것이다. 집착을 벗어나니 가을빛처럼 시원하고, 근본 진여 자리에 마음을 두니 그대로 부처의 자리이다. 그 도리를 안다면 『금강반야바라밀다경』이 내 마음 가운데에서 빛을 내고 있는 것이다."

'경經' 이란 길(금강반야바라밀)을 일러주기 위함이니, 석가모니부처님께서 열반에 이르셨던 길을 경을 통해 현세와 후세 사람이 삿된 길로 가지 않도록 자비심으로 말씀하신 것입니다. '금강반야바라밀경' 혹은 '마하반야바라밀경' 은 생각으로 헤아릴 수 없는 우주를 다 함축하고 있으며, 이를 올바르게 알고 행하면 팔만사천 경을 다 아는 것과 조금도 다르지 않습니다. 즉 금강의 도리를 알면 불교를 아는 것이고, 금강의 도리를 모르면 불교를 안다 할 수 없는 것입니다.

'약이색견아 이음성구아 시인행사도 불능견여래若以色見我 以音聲求我 是人行邪道 不能見如來(만약 형상으로 나를 보거나 음성으로서 나를 구하면 이 사람은 삿된 도를 행함이라 능히 여래(진실)를 보지 못하리라.)' 와 같은 『금강경』의 사구게四句偈만이라도 올바로 알고 행하면 그 공덕이 항하의 모래 숫자보다 더 한량한 공덕이 됩니다.

　그렇지만 이는 교리적인 입장에서 이론적으로 논하는 것일 뿐, 선종에서 볼 때 경이라는 것은 우리 마음이 숨 쉬고 내쉬는 가운데 다 들어있는 것이라 할 수 있습니다. 다시 말해서 팔만사천 경이 모두 마음자리 하나를 일깨워주기 위한 것입니다. 그리고 우리의 근본 마음과 다르지 않은 석가모니부처님의 입을 통해 나온 것이기 때문에, 그 근본에 마음을 두고 수행하는 것은 우리 마음속에 팔만사천 경이 그대로 들어 있다는 것입니다. 미륵부처님이 와도 진리는 다르지 않은 것이며, 부처님의 근본 뜻을 종이에 형상화 시킨 것만 경이라 할 수도 없습니다. 옛 사람이 위와 같이 게송으로 이른 것은 이런 깊은 뜻을 담고 있습니다.

일심에 갖춰진 불·보살의 능력

불교의 삼법인三法印(존재의 3가지 특성인 무상無常 무아無我 고苦를 총칭하는 말) 가운데 제법무아諸法無我란 말이 있습니다. 제법무아란, '모든 것은 이름 붙일 수 있는 실체가 없다.' 라는 뜻입니다. 무아無我라고 해서 '나' 가 아주 없는 것이 아니라 '이것' 이라고 이름 붙일 수 있는 것은 아무 것도 없다는 뜻입니다. 이것은 현대과학에서도 증명을 해주고 있어요. 전자현미경으로 보니까, 모든 물질의 근원을 이루고 있는 원자 자체도 1초에 99억 번 진동을 하고 있답니다. 그러니 물질인지 에너지인지 분간이 안 된다는 것이죠. 석가모니 부처님께서는 현대물리학에서 말하는 이 에너지를 마음으로 보셨습니다.

　마음은 모양이 없지요? 모양이 없는 마음이 곧 물질이라는 것입니다. 여기서 말하는 마음은 우리가 시시각각 일으키는 번뇌를 말하는 것이 결코 아니에요. 한 생각 번뇌를 일으키기 이전의 청정한 자리라고 이해를 하셔야 합니다. 우리가 보고 듣고 생각하는 작용은 청정한 마음자리에서 시작되긴 했지만, 그것은 마음이라 하지 않고 번뇌라고 합니다.

　불교에서 말하는 마음이 무엇인지 이해를 했다면 『반야심경』을 생각해 봅시다. 『반야심경』에서 ‘색즉시공, 공즉시색色卽是空 空卽是色’ 이라 함은 물질이 곧 마음이고, 마음이 곧 물질이라는 것이죠? 그 마음을 인격적으로 부처님이라 하는 것입니다. 그렇게 보면 이 세상 모든 것이 부처 아닌 것이 없죠. 그러니까 ‘제법무아’ 라고 하는 것은 모든 물질의 근본 바탕으로서, 물질이 아니고 마음이기에 있다고 할 수도 없고, 없다고 할 수도 없는 중도의 자리, 다시 말해서 반야般若의 도리를 설명한 것이라고 이해를 하시면 되겠어요.

　그럼, 반야사상에서 비추어 볼 때 우주의 근본은 무엇이겠습니까? 마음이죠. 그런데 그 마음을 나눌 수 있나요? 나눌 수 없습니다. 나눌 수 없는 마음으로 이뤄진 우주 또한 하나의 세계입니다. 그 하나의 세계에 살고 있는 우리 또한 하나입니다. 너와 나를 나눌 수 없는 하나란 말입니다. 우주를 하나로 보면 지옥과 천당도 하나입니다. 그러니 관세음보살님이나 지장보살님이 모두 우리를 제도하시는 것입니다. 지장보살이 따로 있고 관세음보살이 따로 있어서 우리를 제도하시는 것이 아니라, 반야의 차원에서 그 분들은 우리와 한 몸입니다. 다시 말해서 우리가 우주를 하나로 보는 부처님 마음을 낼 때는 우리가 관세음보살님의 능력과 지장보살님의 능력을 다 갖추게 되는 것입니다.

지금도 제방 선원에서 하안거夏安居(여름 집중수행)에 드신 많은 스님들이 그 자리로 돌아가기 위해 몸부림 치고 있는 것입니다. 출가자뿐만 아니라 불자들을 포함한 우주의 모든 존재가 본래 청정한 반야의 자리로 돌아가야 하겠죠. 『반야심경』에 보면 '삼세제불 의반야바라밀다고득아뇩다라삼먁삼보리三世諸佛 依般若波羅蜜多 故得阿耨多羅三藐三菩提' 란 구절이 있죠? 과거 현재 미래의 부처님도 반야에 의지해서 아뇩다라삼먁삼보리를 얻으신 것처럼, 우리 또한 미래의 부처님이 되기 위해서는 반야를 의지해서 수행해야 합니다. 너와 내가 둘이 아닌 하나의 자리, 있다 없다는 생각이 끊어진 무념의 자리를 의지해서 끊임없는 정진을 해야 하겠습니다.

이 세상의 모든 것은 항상 변하고 있습니다. 하지만 우주와 하나인 여러분 본래 마음자리는 천년 전이나 천년 후나 항상 그 자리에 있는 것입니다. 물질도 아니고 생각도 아닌 것이기에 변화가 없습니다. 항상 본래의 자리에 마음을 두고 우리가 본래 하나라는 생각으로 정진하면 그 어느 것도 집착할 것이 없으며, 집착이 없으면 고통도 없습니다.
너와 나, 내 것 네 것 구별하지 마시고 부디 본래 하나라는 생각으로
열심히 정진하시기 바랍니다.

별과 깨달음, 물질과 마음은 하나

모든 중생의 성품은 청정하여

본래부터 생겨나거나 없어질 수 없네.

이 몸과 마음은 환술幻術로 생겨난 것이니

환술로 만들어진 것에는 죄와 복이 없다네.

현겁의 세 번째 부처님인 가섭부처님의 게송입니다.

이 게송에서 '모든 중생의 성품' 이란 '진여당체' 를 말합니다. 청정하다는 것은 생사가 없음을 의미합니다. 생명체로 되어 있는 우주의 모든 존재, 물질인 것이나 물질이 아닌 모든 존재를 반야에서 비춰보면 하나같이 진여당체 '부처님 자리' 라는 것입니다. 법신法身의 자리, 관세음보살의 자리, 지장보살의 자리이기도 하죠. 그 자리는 물질이 아니기 때문에 본래부터 생겨나거나 없어질 수 없는 것입니다.

환술로 생겨난 이 몸은 물질을 말하고, 환술로 만들어진 마음은 시시 분별하는 마음을 말합니다. 물질이나 시시 분별하는 마음은 반드시 사라지게 되어 있으니, 환술로 생겨난 것입니다.

우리가 어떤 행을 할 때 우주를 상대로 마음을 비우면 영원성永遠性이 있습니다. 그러나 복이 된다는 생각을 가지고 행을 하면 그 인연이 다할 때 복도 없어집니다. '귀의불 양족존' 즉 "복과 지혜를 완벽하게 갖추신 부처님께 귀의합니다." 라고 했을 때, 부처님은 법신 부처님을 말합니다. 수행자는 정진을 할 때도 오직 그 자리에 마음을 둬야 합니다. 아무런 걸림 없이 말입니다.

현겁의 네 번째 부처님인 석가모니부처님은 게송으로 이렇게 말씀하셨습니다.

별을 보고 깨닫게 되었지만
깨달은 뒤에는 별이 아니네.
사물을 뒤쫓지 않지만
무정無情은 아니네.

석가모니부처님은 새벽별을 보고 깨달으셨다고 합니다. 내 마음이 '본래 부처' 라는 마음을 가지고 열심히 수행을 해서 깨우치고 나니까, 내 마음도 내 마음이 아님을 알게 되더라는 것입니다. 석가모니부처님이 별을 보고 도를 깨우쳤지만, 깨닫고 보니 별이라는 것이 따로 있는 것이 아니더라는 것이에요. 진리의 세계에서는 별과 깨달음이 둘이 아니고 하나더라는 것입니다. 반야의 세계에서 보면 물질과 마음은 하나이기 때문에 절대로 나눌 수 없으니까요.

부처님은 이 우주와 내가 하나인 도리를 알았습니다. 모든 물질이 곧 물질이 아님을 알았습니다. 그러나 가만히 있으면 그건 무정물입니다. 열반하시기 전까지는 일체중생이 나와 한 몸인 것을 알기 때문에 당연히 제도를 해야 하는 것이죠. 그러니 부처님이 자비심을 일으켜 바로 보살행을 하셨어요. 길을 나서서 법을 설하게 되었다는 이야기입니다.

본래 부처이기에
부처자리로 돌아간다

    우리는 본래 부처이기 때문에 부처자리로 돌아가기 위해서, 깨닫기 위해서 불교를 공부합니다. 부처님께서는 부처의 자리로 돌아갈 수 있는 길을 49년 동안 고구정녕하게 말씀을 하셨습니다. 우리가 불교를 믿는다면 부처님 말씀에 대해서 의심 없이 그대로 받아들일 때 피안의 세계로 다가갈 수 있습니다.

무상심심미묘법 無上甚深微妙法 　 백천만겁난조우 百千萬劫難遭遇

아금문견득수지 我今聞見得受持 　 원해여래진실의 願解如來眞實義

‘무상심심미묘법’은 위없이 높고 무어라 말할 수 없는 깊고 깊은 부처님의 법, 즉 진리를 말합니다. 이 진리의 당체는 그 어떤 것과도 비교할 수가 없다는 말입니다. 본래의 생각 이전의 주인공 자리를 말하고 있는 것입니다. 그 자리에서 비추어 보면 우주는 그대로 하나의 부처의 생명이 되어있다는 것입니다. 이 법 만나기가 그렇게 어렵다는 이야기예요. 불자들이 절에 다닌다고 해서 이 ‘무상심심미묘법’을 만났다고 할 수가 없습니다. 우주와 둘이 아닌 하나의 도리를 알았을 때, 비로소 그 미묘한 법을 만난 거예요.

그리고 이 부처님 법 만나기가 ‘백천만겁난조우’라고 했습니다. 즉 백천만겁이 지나가도 만나 뵙기 어렵다는 뜻입니다. 여기서 ‘겁劫’이란 것은 시간을 말하는 것입니다. 그 겁의 개념을 말씀드리자면 다음과 같습니다.

예를 들어, 둘레가 4킬로미터가 되는 큰 바위가 있습니다. 그 큰 바위를 하늘 사람이 3년에 한 번씩 내려와 한 바퀴 돌면서 올라가는데, 그때 그 옷깃의 스침에 의하여 바위가 다 닳았을 때를 1겁이라고 했습니다. 둘레가 4킬로미터가 되는 엄청난 바위를 3년에 한 번씩 내려와서 옷깃으로 스쳐서 다 닳을 때라고 하는, 그 많은 시간을 통해서도 부처님 법 즉 ‘무상심심미묘법’을 만나기가 어렵다 하였습니다.

물론 지금 여기에서 이 무상의 도리를 아시는 분은 불법을 만난 것입니다. 하지만, 이 도리를 이해하지 못하는 분은 불법을 아직 만나지 못한 분입니다. 아직도 부처님 법을 만나지 못하고 헤매고 있다 이겁니다. 불자들이 절에 다니고 계시지만 길을 잘 알고 다니셔야 됩니다. 깨달음에 이를 수 있는 길을 바로 알고 다녀야 합니다. 부처님께서 그 길을 말씀하셨지만, 그 길은 수행자 스스로 알기가 어렵습니다. 그래서 경經을 가까이 하셔야 합니다. 다시 말씀드리면, 부처님 법문을 많이 들어야만 깨달음에 이를 수 있는 길을 바르게 이해할 수 있다는 것입니다.

'아금문견득수지', 즉 이제 다행이도 법문을 듣고 보고 지니오니, 이 법문을 통해 보고 듣는 지금 이 순간 그 진리의 문으로 들어간다는 뜻입니다.

그리고 '원해여래진실의'는 '원하옵건대 부처님의 그 진실한 참 뜻을 알아지이다.' 라는 뜻입니다. 우리는 수 없는 윤회를 해 왔습니다. 그리고 지금 이 순간도 분명히 윤회를 하고 있습니다. 그러니 끊임없이 정진해야 합니다. 부처님 도량에서 끊임없이 정진하신 분은 그만큼 업이 가벼워져서 윤회의 업을 빨리 벗어날 수 있다고 하겠습니다. 그러기 위해서는 법문을 많이 듣고 보고 해야 합니다.

어느 날, 여수의 한 처사님에게서 전화를 받았습니다.

“스님, 제가 많은 경과 법문을 들었는데 혜은사 홈페이지에서 『금강경』을 해설하신 일부 내용을 보고 너무나 환희심이 넘쳐서 이렇게 전화를 드렸습니다. 주옥같은 훌륭한 법문이 실려 있는 것을 보고 이렇게 좋은 법문을 계속해서 올려 주시고, 대중이 함께 많이 볼 수 있게 해 주시옵기를 원합니다.” 라고 하시며 전화를 끊었습니다.

혼자 보기 아깝다고 그분이 어쩔 줄을 몰라 했던 것입니다. 그러나, 제가 나름대로 눈을 뜬 세계를 여러분들께 일깨워 주려고 애를 쓰지만, 가까이 있으면서도 못 느끼는 분들도 많습니다. 부처님 말씀에 귀를 기울이시고 관심을 갖고 정진을 하지 못했기 때문입니다.

우리 인생은 참으로 무상하기 짝이 없습니다. 우리 육신은 언제 어떻게 될지 알 수가 없어요. 하지만, 꾸준히 정진하는 사람은 진리의 세계에 다가갈 수 있습니다. 조금씩 발전하게 됩니다.

물론 생계를 위해서는 다른 일도 부지런히 해야 합니다. 자기 본연의 위치에서 최선을 다해 열심히 생업에 종사하시면서, 정진의 끈을 놓지 않고 과거에 뿌린 업의 굴레에서 벗어나기 위해 열심히 공부해야 합니다. 하루 30분씩이라도 꾸준히 해야 합니다. 처음부터 잘 될 수가 없기에, 처음에 몇 번 하다가 말아서는 안 됩니다. 그러니 나를 찾는 생명의 끈이라 생각하시고 끊임없이 조금씩 노력해 나가시길 바랍니다. 업의 고리에서 벗어나기 위해서 반드시 내 문제는 내가 해결해야 되지, 누가 대신 해결해 주는 것이 아닙니다.

우리 육신이나 눈앞에 펼쳐진 모든 존재는 항상 그대로 머물지 않고 변하고 있습니다. 사람들이 집착하는 육신도 1초전이나 1초 후가 같지 않고 변하고 있어요. 참나가 아니기 때문에, 사람들이 착각하고 있는 것은 죽어보면 압니다. 죽어보면 다 허망하다는 것을 알 수 있어요.

부처님께서는 "네 가지 바른 행위가 있다."고 하셨습니다. 일반 불자들이 생활하는 가운데에서 네 가지 바른 생활이 있으나, 실천하기 참으로 어려운 일이라고 했습니다.

첫째는 부모를 섬기되, 안색을 기쁘게 갖는 일입니다.

힘이 들어도 잘 모셔야 됩니다. 피하면 안돼요. 잘못 하면 악연으로 이어지기 때문에 그 인연이 다음 생에서 어떤 인연으로 어떤 위치에서 만날지 알 수 없기 때문에 좋은 인연으로 회향하도록 노력 하세요. 그래서 부모님을 잘 모시면 악연의 장애에서 벗어날 수 있습니다.

만약 잘못해서 그 인연이 악연이 되었을 때는 나중에 그 악연이 모든 것에서 장애로 나타납니다. 힘들고 어렵다고 해서 회피하여 잘못된 악연의 고리를 지었기 때문이지요. 불자로서 부처님 법에 따라 온화한 모습으로 부모님과 내 주위를 편하게 해 줄 수 있는 것, 그것은 우리가 깨달음을 가로막는 악연의 장애를 벗게 해 줄 수 있는 가장 기초적인 길이라 할 수 있겠습니다.

악연이 되어서 나중에 상하 관계로 만나 힘들다고 후회해도 그땐 이미 소용이 없어요. 힘든 역경에서 정진할 수 있다면 그것이 더욱 도^道가 쌓이는 것입니다. 부모님을 모시고 계시는 분들은 인내심을 갖고 마음 편하게 잘 모시도록 하세요. 어른들께서 살아오신 연륜이 우리에게는 삶을 살찌우는 지도자가 될 수 있는 것입니다. 함께 모시면서 그 가운데에도 배우며 깨달아가며 살아갈 수가 있는 것이지요.

인간은 누구나 건강과 행복을 추구하지만 그것은 뜻대로 되지 않지요. 우리가 사는 환경은 죄를 지을 수밖에 없는 환경에서 살고 있다고 했어요. 우리는 다른 생명을 통해서 살고 있기 때문에 다른 생명을 죽이기 위해서 사는 것과 같은 것이지요. 그건 업입니다. 다른 생명의 살생을 통해서 '무상심심미묘법'을 만났을 때, 그 법을 근간으로 비추어 봤을 때 사람들이 행복감을 느낍니다. 근간을 비추어 보십시오.

두 번째는 인仁을 지키고 자애를 실천해 살생하지 않는 것, 게으르지 않으며 어질게 행하고 살생하지 않는 것입니다.

파리·모기도 전생을 보면 사람으로 있을 때가 있어요. 그래서 우리는 작은 미물이라고 생각하는 것이 아니라 동족으로 보셔야 됩니다. 초목도 감정이 있습니다. 나무도 사랑하면서 물을 주며 키우는 나무는 아름답게 자라난답니다. 욕하면서 저주파를 보낸 식물들은 잘 자라지 못한답니다. 사람의 신경에 탐지기를 연결하여 그 신체의 파동을 탐지기로 체크할 수 있듯이, 식물들도 탐지기에 연결하면 식물들에게서 일어나는 파동을 알 수가 있답니다. 사람들처럼 똑같이 파동을 읽을 수 있답니다. 사랑하면서 물을 주고 자기를 가꾸어주는 좋아하는 사람이 오면 나무들이 기쁘게 생각하는 좋아하는 파동이 있고, 자기를 해롭게 하는 사람이 오면 긴장을 한답니다. 나무도 감정이 있다는 이야기입니다.

마음을 닦고 정진을 해나가면 얼굴도 우주처럼 둥글고 원만해 집니다. 계산하면서 자기 편한 시간에만 정진하면 백천만겁을 지나도 불법을 못 만납니다. 만날 수가 없어요. 그렇게 힘든 역경 속에서 정진을 해야 도를 이룰 수 있어요. 그래서 힘이 들어도 불자는 수행의 끈을 놓으면 안 됩니다. 이것 저것 핑계대면 아무것도 못합니다. 따지기 시작하면 절대로 할 수가 없습니다.

자애가 곧 자비입니다. 우주를 하나하나의 생명으로 보고 본래가 내 몸이니까, 본래가 한 몸이기 때문에, 우리는 어머님이 자식을 키울 때 더러워도 더럽다 생각 안하고 내 몸으로 생각하고 키워주는 것입니다. 그러나 본래가 한 몸이지만 우주와 한 몸임을 느끼지 못하는 것이 중생입니다. 그러니 '남을 죽이는 것이 곧 나를 죽이는 것이다.' 그렇게 생각하시고, 작은 미물도 함부로 대하지 마시고, 자애를 실천해 살생하지 않으며 참회하면서 염불생활을 많이 하셔야 합니다.

세 번째는 은혜를 베풀어 가난한 사람을 구제하는 것입니다.

살생을 많이 한 사람은 축생으로 태어나거나 박복薄福합니다. 짐승들은 먹다가 누가 오면 뭘 감춰요. 참으로 불쌍하지요. 그러니 욕심 부리지 말아야 합니다. 지나친 욕심을 부려 건강을 해치면 곧 추구하는 행복이 달아나니까요. 누가 달라고 하면 말없이 많이 줘야 해요. 그것을 외면하면 다음 생에 악연으로 만나야 하니까요. 내가 손해를 보면 손해를 보는 듯 살았을 때, 오히려 내가 즐거워지는 겁니다. 손해 보는 듯 사시는 그것이 곧 행복입니다.

예를 들자면, 내가 손해 보는 듯 팔면 상대가 기뻐합니다. 그러니 결국은 나도 더불어 즐거워지는 것입니다. 욕심을 내고 탐욕을 부리면 죽어서 축생이나 미물로 태어나고, 내가 지은 업을 그대로 만나게 됩니다.

네 번째, 여러분은 항시 감사하게 생각하고, 지금이 좋은 세상이라 생각하시나요?

지금 이 시대는 물질을 보면 좋은 세상이라고 하는데, 수행자들이 볼 때는 말세입니다. 예전에는 전기도 없고 문화시설이 없으니 정진할 수 있는 환경이 좋았는데, 지금은 그렇지가 못합니다.

연속극에 빠지면 다른 일을 하다가도 그걸 봅니다. 그러니 정진하기 힘들지요. 물질 위주로 살아가는 오늘날에 볼 때는 좋은 세상이지만, 수행자의 입장에서는 정말 수행이 어려운 때라 할 수 있지요.

그러나 수행의 맛을 보면 수행의 소중함과 필요성을 알게 됩니다. 절로 기쁨이 생겨납니다.

부처님 법 만나게 된 것 감사하게 생각하시고 매일같이 새벽에 일찍 일어나셔서 꼭 정진을 하세요. 우리는 지금 이 순간도 죽음을 향해 가고 있습니다. 의심하면 안 됩니다. 항상 거기에 화두를 두시고 인생의 무상함을 느껴야 합니다. 죽음은 시시각각 다가오고 있으니 그것을 가슴에 새기고, 그 고통을 벗어나기 위해 정진의 끈을 놓지 마시기 바랍니다.

염불삼매와 부처행

너와 나,
자연을 하나로 보고 정진하라

"오늘 여기 이렇게 살아 있는 이 목숨은 너무나 귀중한 것이다. 보라, 이 얼마나 귀중한 육신인가를!" 『정법안장』

열반하신 일타 스님의 외할머니는 아주 부자였습니다. 어느 날 한 비구니 스님이 일타 스님의 외할머니 댁에서 하루 저녁을 머물게 되었어요. 스님은 할머니에게 법문을 밤이 새도록 해주었는데도 잘 알아듣지 못하자, 새벽에 길을 나서며 이렇게 말했어요.

"보살님, 잘 살아야 됩니다. 잘 못살면 사후에 구렁이가 됩니다."

경제적으로 여유가 있으니 남부러운 것이 없고, 절에도 한 달에 한 두 번 다니고 있으니, 그만하면 자신이 아주 열심히 사는 것이라고 생각했던 할머니는 스님의 그 한 마디에 정신이 번쩍 들었어요. 그래서 얼른 스님의 뒤를 쫓아가서 어떻게 해야 다음 생에 구렁이의 몸을 받지 않을 지 물었어요.

그러자 스님은 "그저 열심히 문수보살을 찾으라."는 말을 남기고 총총 사라졌습니다.

구렁이가 될지도 모른다는 두려움 때문이었는지, 할머니는 그 때 스님의 대답이 화두로 잡혔어요. 그날 이후 할머니는 앉으나 서나 오로지 문수보살만 찾았다고 합니다. 그렇게 한 생각을 놓치지 않고 정진을 하다 보니 어느덧 혜慧가 열렸어요. 가만히 앉아서도 사업하는 아들에게 "오늘 무슨 일이 있을 것 같으니 어찌 어찌 해라." 하고 미리 미리 조언을 해주니 재산이 불같이 일어났습니다. 그렇게 사시다 돌아가셨는데, 할머니의 시신에서 일주일 동안 광명이 발하는 이적이 일어났습니다. 그래서인지, 그후 그 집의 머슴까지 모두 출가를 했어요.

이 할머니처럼 잘 살다 잘 죽으려면 부처님 말씀에 귀 기울이시고, 정말로 간절히 발원하시면서 수행의 끈을 놓치지 않아야 합니다. 우리는 언제 죽을지 모릅니다. 죽을 땐 이런 저런 여유가 없어요. 업력이 무거운 사람은 이 몸을 벗어날 때 비참하게 죽는 경우가 많습니다.

그런 분들은 돌아가신 후에도 생전의 '괴롭다'는 생각 때문에 부처님 말씀을 아무리 들려 드려도 귀에 들어가질 않아요. 그래서 잘 살아야 합니다. 정진을 열심히 하면 지어 놓은 업이 있다고 해도 자연스럽게 정화가 됩니다. 지은 업이 다 정화가 되면 일타 스님의 외할머니처럼 당당하게 웃으면서 돌아가실 수 있습니다.

"구걸하는 사람을 보고 얼굴을 찡그리는 자는 동시에 지옥의 문을 열고 있는 것과 마찬가지다." 『보살본행경』

맛있는 음식을 먹다가 누가 오면 얼른 숨기는 사람이 있습니다. 구걸하는 사람이 오면 멀쩡한 사람이 구걸하러 온다고 얼굴을 찡그리는 이도 있죠. 그렇다면 그 순간 지옥의 문을 열고 있는 것입니다. 우리는 무시이래 수 많은 사람과 인연을 맺어 놓았습니다. 구걸하는 이는 과거 생에 반드시 나와 인연이 있어서 찾아오는 것이에요. 인연에 의해 어떤 일을 하거나 무엇인가를 베풀 때는 아무 생각 없이 즐거운 마음으로 해야 합니다. 불자들이 정말로 마음에서 환희심을 느끼며 살 수 있는 일은 바라는 마음 없이 베푸는 일입니다. 꼭 물질적인 베품이 아니더라도 남에게 봉사할 수 있는 마음이 있어야 합니다.

부처님 가르침이 우주를 하나로 보고, 자연과 나를 하나로 보라는 것이죠. 봉사를 해도 너와 내가 하나인 마음으로 해야 합니다. 너와 내가 본래 하나이고 일체가 마음으로 되어 있다는 생각으로 봉사활동도 열심히 하시고, 정진도 열심히 하시다 보면 마음이 조금씩 커집니다. 반야般若의 차원에서 우주가 본래 하나의 생명이며 너와 내가 또한 본래 하나임을 자꾸 비춰보십시오. 그렇게 열심히 정진하시다 보면 모든 고통의 원인인 욕심도 끊어지고, 번뇌도 끊어지며, 중생까지도 다 제도할 수 있습니다.

"탐욕, 그것은 마음을 속박한다. 탐욕, 그것은 마음을 이리저리 휘몰아 사람들로 하여금 오래도록 미혹한 생을 떠돌게 한다. 나는 이보다 더한 속박을 이제껏 보지 못했다." 『이티붓타카』

욕심은 모든 괴로움의 원인입니다. 다른 욕심은 부릴 것이 없어요. 오직 정진에만 욕심을 부려야 합니다. 어떤 것에 집착한다는 것은 욕심이 전제 돼 있기 때문에 그렇습니다. 자녀에 대한 집착을 쉽게 놓지 못하는 것 또한 욕심으로 전생의 업을 놓지 못하기 때문입니다. 내가 먼저 눈을 뜨셔야 그렇게 애지중지 하는 자녀분들도 구제할 수 있어요. 내가 먼저 부처님 법을 만났으니 자녀들도 부처님 법대로 살아갈 수 있도록 자연스럽게 부처님 길로 인도해 주어야 합니다. 우리는 우

주의 주인이 되고자 종교를 믿는 것입니다. 다른 욕심은 스스로를 속
박할 뿐입니다.

우주를 살림하는
큰 마음을 찾아 쓰라

진리를 추구하는 분들은 번뇌를 끊고자 목숨까지 걸지만, 번뇌 속에서 사는 분들은 진리를 거부합니다. 각자 진리를 추구하는 불자인지, 아니면 번뇌 속에서 그것이 전부라 생각하며 진리를 거부하는 분인지 스스로를 한번 반조返照해 보십시오.

여러분이 진리를 거부하지 않는다면 수행 자체가 즐거워야 합니다. 스스로 지금까지 무엇을 위해, 무엇 때문에 이렇게 바쁘게 살고 있는지 되돌아보십시오. "이렇게 저렇게 살다가 늙으면 죽는 거지." 라고 생각하십니까? 촌음寸陰을 아껴서 부지런히 정진하셔야 합니다. 우리 모두 죽기 전에, 목숨 끊어지기 전까지 부지런히 정진해서 눈 감을 때 당당하게 옷을 벗을 수 있어야 하겠습니다.

『소부경전』에 이런 법문이 있습니다.

"진실이 아닌 것을 진실이라고 하고 진실인 것을 진실이 아니라고 하는 사람은 잘못된 생각에 사로잡혀 진리에 도달 할 수 없게 된다. 진실을 진실이라고 알고 진실이 아닌 것을 진실이 아니라고 아는 사람은 바른 생각을 함으로써 드디어 불멸의 진리에 도달한다."

우리 주변에도 진실이 아닌 것을 진실이라 우기고, 진실을 진실이 아니라고 우기는 사람이 아주 많습니다. 예를 들면 '토끼에 뿔이 없다' 란 말은 진실이죠. 그리고 '거북이에 털이 있다' 란 말은 진실이 아니죠.

그럼 내 육신을 비롯해서 우주의 모든 존재는 어떻습니까? 진실입니까? 진실이라 우기고 싶은 분이 계시겠지만, 이 또한 진실한 모습이 아니거든요. 진실이 아니라고 아무리 말해줘도 진실이라 우기고, 그것을 받아들이지 못하는 사람들이 있습니다. 부처님께서 '모든 존재는 무상하다[諸行無常]' 라고 분명히 말씀하셨는데도 말이에요.

진여연기[眞如緣起]의 차원에서 보면 모든 존재는 1초에도 99억번 진동을 한다고 합니다. 상상할 수도 없는 파동을 느끼고 있는 거예요. 지구도 1초에 37㎞라는 어마어마한 속도로 돌고 있어요. 분명히 돌고 있음에도 불구하고 우리가 느끼지 못하고 있듯이, 진실이 아닌 것을 진실인 것처럼 집착하고 있단 말이에요. 그러니 삶이 괴로운 것입니다.

하지만 진여 차원에서 비추어 보면 어떤 것도 입을 떼어 논할 수가 없습니다. 우리는 진리를 추구하는 불자입니다. 들이쉬고 내쉬는 호흡의 근원지가 바로 여러분 마음자리요, 진리의 자리이거든요. 그 자리에 마음을 두고 있는 순간은 진리 자리에 들어가 있는 것이고, 그 자리에서 벗어나 있는 순간은 번뇌 속에서 헤매는 것입니다.

따라서 우리 불자는 그 한 생각을 놓치지 않기 위해 몸부림을 쳐야 합니다. 절을 찾는 제일의 목적이 일상생활과 가정사의 어려운 문제를 해결하기 위한 것이어선 곤란합니다. 부처님은 여러분의 어려운 문제를 해결하는 길만 일러주셨지, 직접 해결해 주시는 분은 아닙니다. 여러분 각자가 지은 업이 다 같을 수가 없습니다. 자기가 지은 죄업은 스스로 맑혀야 되는 것이지, 누가 대신 맑혀 줄 수 없는 것입니다.

석가모니부처님이 참선을 통해 깨달음을 얻었듯이 우리 또한 반드시 참선을 통해 깨달아야 됩니다. 우리 모도 우주의 주인이 될 수 있어야 해요. 대 주인이 될 수 있는 길을 가야 합니다. 우리는 우주를 살림할 수 있는 어마어마한 큰 마음을 가지고 있어요. 그러나 안타깝게도 그 마음을 우리가 제대로 쓰지 못하고 있습니다.

여러분, 부디 부처님 말씀도 가까이 하시고 정진을 습관처럼 하십시오. 누구를 위해서 하는 것이 아니라 자신을 위해서 하는 것입니다. 내가 바뀌어야 이 세상이 바뀌는 것입니다. 내가 안 바뀌면 절대로 상대방은 바뀌지 않습니다. 내가 검은 안경을 쓰고 있으면 이 세상은 모두 다 검게 보이게 되고, 내가 투명한 안경을 쓰고 보면 모든 존재를 있는 그대로 볼 수 있는 법입니다. 우선 내가 먼저 바뀌기 위해서는 나를 찾는 공부를 끊임없이 하셔야 합니다. 나 자신을 위하는 것이 남을 위하는 것이고, 가족을 위하는 것입니다.

여러분은 본래 모남이 없어요. 모남이 없는 진리 차원에서 그 진리를 추구하는 분들은 얼굴 형상도 달덩이처럼 원만한 상을 갖추게 되어 있어요. 원만한 상으로 미소 띤 얼굴을 하면 주위에 있는 사람을 편하게 해줄 수 있거든요. 주위 사람들을 편하게 해준다는 것은 결국 나 자신이 편해지는 길입니다. 자신이 심적으로 괴로우면 주위에 있는 사람에게도 괴로움을 줄 수밖에 없어요. 내가 먼저 마음의 평정을 찾아야 돼요.

과거에 지은 업은 한량이 없기 때문에 정진하는 과정에도 그 무거운 업은 계속 들어오게 되어 있습니다. 수백 수만 생을 통해서 우리가 지어놓은 업은 끝이 없습니다. 우리가 함부로 하는 말이나 생각, 행동은 절대로 없어지는 것이 아니에요. 눈에 보이지 않지만, 우리가 평소 말하고 생각하고 행동한 것이 그대로 업력業力이 되어서 우리를 따르는 것입니다. 스스로 지은 업은 반드시 스스로 받게 되어 있어요.

거듭 말씀드리지만, 절집은 마음 닦는 도량입니다. 절집에 와서 남의 일에 참견하고 말을 잘못해서 시끄럽게 해선 안 되겠습니다. 어떤 일을 하든지 수행 하는 마음과 자세로 해야 하고, 그런 마음과 행이 가정에서도 지속될 수 있어야 불자로서의 참다운 모습이라 할 수 있습니다. 그것이 바로 자신을 맑혀 가는 과정입니다. 정진이야말로 각자가 추구하는 행복의 세계로 가는 길입니다. 염불 한 마디, 한 마디가 업력을 맑히고 몸에 탁한 기운을 정화시키고, 가정을 맑히고 더 나아가서는 우주를 맑히기 때문입니다.

진여眞如자리를
여윈 순간 업이 된다

"천 칸의 대궐이라도 하룻밤을 자는 데는 한 칸 방이요, 만 석의 땅을 가졌어도 하루 먹는 데는 쌀 한 되뿐이다." 『선가귀감』

우리의 마음은 본래 우주와 같은 큰 마음입니다. 그래서 우리가 욕심을 내면 끝이 없는 마음을 일으키게 되지요. 그러나 우리의 재물은 우리의 마음을 키우는 것과 관계가 없습니다. 재물을 아무리 많이 가지고 있어도 우리는 그것을 관리하는 관리인의 역할에 지나지 않아요. 재물에 대한 지나친 욕심은 집착을 불러오고, 집착은 모든 괴로움의 원인이 될 뿐입니다. 재물을 모으고 쌓아두는 것만이 관리인의 역할은 아니죠. 모아진 재산을 헐벗고 굶주린 이들에게 나눠줄 수 있는 이가 진정 훌륭한 관리인입니다.

선대先代로부터 선행을 많이 베풀었던 가정에서 나라에 큰일을 하는 위인이 태어나는 경우가 많지 않습니까? 선행이라고 해서 다 같지는 않습니다. 간절하게 도움이 필요한 사람에게 베풀어서 상대방이 사무치게 감사함을 느낄 때 정말 큰 복이 됩니다. 우리가 복을 짓지 않으면 다음 생에 박복薄福합니다. 먹고 사는 일이 급하다고 복을 전혀 짓지 않으면 다음 생에 또 박복합니다. 그로인해 먹고 사는 일이 바빠 도저히 수행을 할 수 없는 상황이 될 수도 있어요. 물질을 베푸는 것은 복 짓는 일 가운데 작은 부분일 뿐입니다. 누군가 도움을 필요로 하는 이들을 위해 꾸준히 움직이고 일 하는 것도 복 짓는 일입니다. 연세가 많으신 분들도 할 수 있는 일이라면 뭐든지 하세요. 청소를 한다든지, 집안일을 거든다든지요.

흔히 업이라고 하면 나쁜 말, 나쁜 생각, 나쁜 행위일 것으로 생각을 하는데 업은 좋은 생각이든 나쁜 생각이든 진여眞如 자리를 여읜 순간부터 모두가 업이 돼요. 우리의 마음은 여섯 가지 기관을 통해서 늘 휘달립니다. 우리가 무시이래로 지어놓은 업이 얼마나 많습니까? 그 업으로 인해 우리는 늘 근심 걱정이 끊이지 않는 삶을 살아가는 것입니다.

하지만 여러분들이 지금부터라도 얼마나 정진을 열심히 하느냐에 따라 과거 생부터 지은 업들이 맑아지고, 또 정진을 하는 순간만큼은 업을 짓지 않으니까, 다음 생에 마음 세계가 달라질 수 있습니다. 여러분이 정말 열심히 정진해서 마음자리의 문이 열렸다고 하면 다음 생에 맞이할 환경 또한 달라집니다. 신심을 가지고 꾸준히 정진해 나가면 다음 생에 여러분들은 반드시 정도正道의 길을 가게 되는 것입니다. 그러나 물질에 대한 욕심, 명예에 대한 욕심은 결국 다음 생에 무거운 업으로 돌아오게 된다는 사실을 꼭 기억해 두시기 바랍니다.

"마음에 좋고 나쁨을 따지지 말라. 좋은 것에서부터 슬픔이 생기고 근심이 생기고 속박이 생긴다." 『법구경』

마음의 평정平定을 이룬다는 것이 도무지 쉽지가 않습니다. 진리에 눈을 떠서 우주와 내가 둘이 아닌 하나라는 것을 이해했다고 하더라도, 과거에 지어 놓은 업으로 인해 마음의 평정을 이루는 일이 쉽지는 않은 것이죠. 그렇긴 하지만, 여러분 자신이 정진을 얼마만큼 하느냐에 따라 마음 세계가 바뀌는 것은 틀림이 없습니다.

마음에 좋고 나쁨을 따져서 좋은 것에만 휘달리다 보면 결국 근심에 시달리게 됩니다. 좋은 것, 화려한 것만 쫓다보면 결국 불행을 초래하는 것이지요. 여름 밤 가로등 불빛을 보고 달려든 수 없는 벌레들이 결국 다 죽게 되는 것처럼, 우리도 좋은 것만 추구하면서 살면 그 좋다는 것에 의해 다시 괴로움을 겪게 되는 것이죠. 우리가 분별해서 그렇지 좋고 나쁨이란 본래 없어요. 남의 도움을 받는 것도 좋은 것 같지만 그것이 다 빚이 됩니다.

우리가 좋다고 생각하는 것에 탐착하면 슬픔이 생기고 근심이 생기고 속박이 생기지만, 우리가 힘들고 어렵다고 생각하는 정진에 힘쓰면 대자유의 세계에 들 수 있습니다. 다음에 보자, 아기 다 키우고 보자, 어떻게 하고 보자, 이렇게 하다보면 정진이 절대 안 됩니다. 젊었을 때부터 참선하는 습관을 들이면 나중에 이런 일, 저런 일 있을 때마다 좌선하는 마음을 통해서 자기 행복을 지킬 수 있어요.

참선을 열심히 하면 누군가 어려움을 겪게 되었을 때 달려가서 도와주고 싶은 마음이 저절로 생겨납니다. 이렇게 덕을 많이 쌓은 집안은 저절로 잘 되기 마련입니다. 남에게 무언가를 베풀 수 있는 마음, 남에게 정말로 도움이 될 수 있는 마음이 있어야 해요. 가는 곳마다 지던 꽃도 다시 피어나게 하는 사람, 누구에게나 도움을 줄 수 있고 편안함을 줄 수 있는 사람, 어디를 가더라도 궂은 일 잘하는 사람이 되십시오. 언제 어디서나 솔선수범하는 보살의 마음을 가져 보시길 바랍니다.

진여당체에 마음 두고
염불해야 해탈한다

"마음은 물질적인 것이 아니므로 있다고 할 수 없고, 마음씀이 그치지 않으니 없다고 할 수도 없다. 마음을 쓰지만 항상 비었으니 실체가 있다고 할 수도 없고, 텅 비었지만 항상 마음씀이 있으니 또한 없는 것도 아니다." 『달마대사 안심법문』

마음은 물질로 이뤄진 것이 아니기 때문에 모양이 없습니다. 그렇다고 해서 '마음이 없다.' 라고 말하면 이미 그르친 것입니다. 그러나 모양이 없다고 해서 아주 없는 것이 아니니, 없다고도 할 수 없습니다.

그래서 그것을 중도中道라고 합니다. 모든 물질을 분석해 보면 마음으로 되어 있습니다. 모든 물질이 그대로 파동波動 형태를 띠고 있어요. 그래서 돌도 뜨거우면 이완되고 추우면 수축이 됩니다. 물질로 이루어진 모든 존재가 다 마음으로 되어있습니다.

이렇게 우주를 하나의 마음으로 보면 일체가 다 마음으로 되어있기 때문에 두려울 것도 무서울 것도 없습니다. 하지만, 우리는 물질에 휘둘리기 때문에 괴로움이 있고 어려움이 있습니다. 『반야심경』에서 '조견오온개공 도일체고액照見五蘊皆空 度一切苦厄' 이라 했듯이 오온五蘊 (정신과 물질의 근본 요소인 색色 수受 상想 행行 식識을 말함)이 다 공한 것, 오온이 다 마음인 것을 알면 일체의 괴로움에서 벗어날 수 있다는 이야기입니다. 그런데 마음자리는 모양이 없는 것이지만 항상 그대로 있지를 않아요. 온갖 번뇌 망상을 만들어 냅니다. 잠시 우리가 좌선을 해도 짧은 시간에 온갖 망상을 다 합니다. 염불을 해도 마찬가지죠. 그러면 올바른 정진이 안 됩니다. 같은 염불을 하더라도 제대로 알고 하면 빨리 뜻을 이룰 수 있어요.

그러기 위해서는 업을 녹여야 합니다. 집중도를 높여 정진해가면 업이 저절로 녹아져 나가는 것입니다. 우리는 우주의 보배를 찾기 위해서 불교를 믿습니다. 그런데도 어디서 금을 나누어 준다 하면 여기 안 오고 거기 금을 받으러 갑니다. 우리 마음자리를 통해 찾는 보배는 우주의 차원에 비할 수 있는 것에 반하여, 물질에 불과한 금이라고 하는 것은 먼지도 안 되는 차원입니다. 먼지도 안 되는 것에 집착을 하는, 어리석은 일이 없으시길 바랍니다.

마음은 물질이 아니기 때문에 볼 수는 없지만 온갖 것을 다 지어 냅니다. 그래서 중도자리에 마음을 두지 않으면 업을 짓게 되는 것입니다. 중도의 마음을 벗어나는 순간 업을 짓습니다. 좋은 생각이든, 좋지 않은 생각이든 모두 업을 짓고 있는 것입니다. 진리에서 벗어나는 순간 오염 되는 것입니다. 진여당체에 마음을 두고 정진하는 그 때, 수행자의 업도 맑아지고 윤회의 굴레에서 벗어난 순간이 됩니다.

우리가 죽으면 몸이라는 껍데기는 땅속으로 가지만 마음은 어디로 갈까요? 살아서나 죽어서나 마음자리는 항상 그 자리예요. 죽었다고 마음이 다른 데로 없어지는 것이 아닙니다. 마음은 물질이 아니기에 죽는 것이 아닙니다. 그러니 우리는 죽어서 축생畜生이 되지 말고 눈을 바로 떠서 공부할 수 있는 인연이 되어야 합니다. 앞으로 우리 삶은 점차 혹독한 환경 속에서 벗어날 수 없게 됩니다. 남극과 북극권 얼음이 현재 굉장히 빠른 속도로 녹고 있답니다. 지구의 환경오염이 점점 심해짐에 따라 우리는 점점 살아가기 힘든 상황을 맞이하게 될 것입니다. 그러니 더욱 열심히 정진을 해야 합니다.

"나쁜 짓을 멀리하고 선행을 쌓아라. 좋은 일을 하는 데 게으르면 마음은 저절로 나쁜 짓을 즐기게 된다. 혹시라도 나쁜 짓을 했다면 그것을 되풀이 하지는 말라. 악이 쌓이는 것은 괴로움을 남기게 되고, 좋은 일이 쌓이는 것은 즐거움을 남기게 된다." 『소부경전』

나쁜 짓을 하는 것은 결국 자신을 속이는 일이죠. 자신을 속이면 자기 자신에게 고통이 돌아옵니다. 본인 마음이 편하지 않아요. 그러면서 그것이 바로 내 업이 되는 것입니다. 좋은 일 하는데 게으르면 마음이 흐트러집니다. 그래서 좋은 도반을 가까이 해야 해요. 항상 정진하고 부처님 법을 가까이 하는 분을 도반으로 삼아야 해요.

우리 어머니들은 자식을 교육 시킬 때 "맞고 들어오지 말라. 지면 안 된다." 라고 하는데, 어릴 때부터 "거짓말 하지 말라. 정직해라." 하는 교육이 되어야 합니다. 그렇게 살면 비록 추구하는 물질적인 부분이 풍부하지 않아도 마음은 편합니다.

선행을 베풀면 그것이 그대로 선하게 돌아오죠. 그러나 악행으로 상대에게 상처를 주거나 하면 역시 나에게 괴로움으로 다시 돌아오게 됩니다. 생활 속의 염불정진은 우리 삶을 빛나게 합니다. 그냥 습관처럼 염불을 하세요. 길가다 넘어질 때도 관세음보살, 지장보살, 아미타불을 염하세요. 그렇게 되어야 합니다. 그렇게 정진을 하다보면 반드시

후회 없는 삶을 살 수 있습니다. 앞서 말씀드린 바와 같이 집착할 것
이 있다고 해서 있는 것이 아닌데, 있는 것처럼 집착을 하고 사는 것
은 결국 우리가 속고 있는 것입니다. 수행자라면 더 이상 속지 말고
순간순간 부지런히 정진하는 삶을 살아야 하겠습니다.

일념 정진만이
영험과 깨달음을 낳는다

인생을 살다 보면 뜻하지 않은 근심 걱정거리가 다가와 고통을 감내해야 할 경우가 있습니다. 이럴 때 많은 불자님들이 어느 사찰은 세계 제일의 관음도량이라더라, 혹은 지장도량이라더라 하면서 영험의 제일 조건으로서 소문난 영험도량을 꼽는 것을 볼 수가 있습니다.

물론 영험이라는 결과는 분명 있을 수 있습니다. 그러나 그러한 결과가 만들어진 원인은 자세히 살펴보면 스스로의 커다란 신심과 간절함에서 비롯된 정진력임을 알 수 있습니다. 따라서 영험은 도량의 좋고 나쁨에 따라 좌우되는 것이 아니라, 스스로 얼마나 일념으로 정진했느냐에 따른 것입니다. 어느 도량에서든 스스로의 존재를 잊어버릴 만큼 일념으로 정진해 들어가다 보면 본래 갖추고 있는 자비의 기운이 점점 맑게 드러나 가피를 입게 되는 것입니다.

불·보살님의 모습이 우리 눈앞에 보인다고 하는 것은 내 마음에서 내가 만들어 낸 것에 지나지 않습니다. 우리 본래마음 안에는 부처님, 관세음보살, 지장보살, 약왕보살 등 불·보살님의 능력을 다 갖추고 있어서 본래 내 마음에서 만들어낸 일이지 결코 마음 밖의 일이 아닙니다. 부디 내 마음 밖의 어느 대상이나 경계에 흔들리지 마시기 바랍니다. 여러분 스스로의 힘으로 부단한 정진을 통해 영험도 입으시고 깨달음도 이루시기 바랍니다. 그것만이 자신은 물론 세상을 맑히고 우주를 맑히는 참된 수행자의 길입니다.

깨달은 자는
법의 자리에서 생각하고 행위한다

불교는 깨달음의 종교입니다. 대혜 스님께서 『서장』에서 "깨달은 사람은 법法의 자리에서 모든 것을 사고하고 말을 하고 행위를 한다. 경전을 보거나 봉사를 하거나 그밖의 무엇을 할지라도 자기라는 것을 비우는 보살행이 된다."고 했습니다.

우리는 보살행에 앞서 먼저 깨달아야 하기에, 깨닫기 위해 정진을 합니다. 『반야심경』에서 "삼세제불三世諸佛도 반야를 의지하여 최고의 깨달음을 얻는다."고 했습니다. 때문에 우리도 반야를 의지하여 정진을 하여야 합니다.

그래서 정진하는 불자에게 ‘기도’라는 말은 맞지 않습니다. 깨달음을 추구하는 모든 불자는 기도라는 말을 쓰면 불교를 스스로 폄하하는 것입니다. 기도는 무엇인가에 비는 개념이기 때문입니다. 반야에서는 빌 대상이 없는 것이기에 『금강경』에서 "형상이나 음성으로 진리를 구하고자 하는 이는 사도邪道를 행하는 자며 성불할 수 없다."고 이르고 있습니다. 우리는 필경 성불해야 됩니다, 현생에서 불교를 바르게 알고 정진하지 못하면 그만큼 늦어질 것입니다.

그런데 우리 불자들은 습관적으로 기도라는 말을 사용하고 있습니다. 기도祈禱란 ‘빌 기’ 자, ‘빌 도’ 자로 마음 밖에 절대적인 존재 또는 어떤 대상에게 무엇인가를 구하려 빈다는 뜻입니다. 그러므로 기도는 불교와 맞지 않는 용어입니다. 부처님의 가르침을 따르는 불자라면 마땅히 기도라는 용어 대신에 ‘정진’이란 용어를 사용해야 할 것입니다. 다 같이 정진하여 깨달음을 이룹시다.

염불삼매 얻고 무정설법無情說法 깨달은 소동파

『금강경』에 "약이색견아 이음성구아 시인행사도 불능견여래若以色見我 以音聲求我 是人行邪道 不能見如來" 라는 법문이 있습니다.

만약에 어떤 사람이 부처를 구하고자 하는 수행자가 물질을 통해 나를 보고자 한다거나, 소리를 통해 참나(부처)를 구하고자 하는 자는 삿된 도를 행하는 자이니, 부처를 볼 수 없다는 뜻입니다. 즉 반야바라밀다행般若波羅蜜多行을 할 때에만 부처님께 다가갈 수 있고, 수행하지 않고는 안 된다는 법문입니다.

흔히 '요즘은 어른이 없다' 는 말들을 많이 합니다. 존경할 만한 사람이 없다는 말입니다. 누구나 세상을 살아가는 데 있어서는 존경하는 사람, 무서운 사람이 꼭 필요합니다. 무서운 사람을 통해서 자신을 돌아볼 수 있고 또 겸손해 질 수 있기에, 오늘날 민주화로 인해 어른이 없어졌다는 말을 많이 합니다.

그러나 절 집안에서는 아직도 어른이 존재 합니다. 송나라 8대 문장가의 한 분이었던 소동파蘇東坡 (1036~1101)는 세상을 글로 노래했던 사람으로 자기보다 더 나은 사람은 없다는 생각을 하며, "자존심을 빼면 소동파가 아니다."는 말까지 했습니다. 관직에서 물러나 홀로 수행하게 되면서 나이가 들어 깨달음의 인가를 받은 소동파는 불자 집안에서 태어났으며, 스스로 전생에 스님이었다는 말을 하기도 했습니다.

박학다식하며 문재文才가 뛰어난 소동파는 관직에 있을 때에는 왕안석과 맞지 않아 귀양살이를 하기도 했습니다. 관직을 잃고 귀양지에서 지낼 때, 아미타불 염불을 일념으로 하여 삼매 경지에 올랐다고 합니다. 소동파는 염불선 삼매를 체험한 자신감에 빠져 세상을 주무르겠다는 마음이 앞서게 되어 어느 날, 옥천사에서 승호承皓 선사를 친견합니다.

소동파는 평소에 자만심에 차 있었기에, 성 씨를 물으면,
"칭秤(저울) 가입니다."

라고 하였습니다. 이는 저울을 뜻하는데 선지식의 법력이 무거운지, 가벼운지 저울질한다는 말입니다. 이날도 승호 선사와 이야기를 나누면서 '칭秤 가' 라고 하였습니다.

승호 선사는 틈을 주지 않고,

"할!"

하고 벽력같은 소리를 내지르고는,

"이 할이 몇 근이고?"

하고 물었습니다.

이때 소동파는 승호 선사의 기세에 눌려서 한 마디 말도 못하고 무릎을 꿇었습니다. 임자를 만난 소동파는 비로소 겸손한 자세로 수행에 매진했다고 합니다.

이후 소동파는 귀종사歸終寺에서 불인요원佛印了元 선사를 친견하게 되는데, 다시 아만심이 발동합니다.

소동파는 평소 법담을 좋아하였기에, 이날도 선지식을 알아보지 못하고 치기어린 법담을 던졌습니다.

"화상의 사대四大(육신)를 빌어 의자倚子로 삼고자 합니다."

하고 요원 선사를 넌지시 어린아이 취급하듯이 말하였습니다.

그러자 요원 선사가 웃으면서 대답하였습니다.

“사대는 원래 공空한데 무엇을 가지고 의자로 삼겠느냐?”

소동파가 선사의 법문에 크게 감동하고 답례로 보배인 옥대玉帶를 바쳤습니다.

요원 선사가 다시 일러 주었습니다.

“일체 사량분별을 쉬거라, 다 쉬거라.”

이로부터 소동파는 무섭게 정진을 하였고, 훗날 흥룡사興龍寺에서 상총常聰 선사를 친견한 후, 쏟아지는 폭포소리에 무정설법無情說法(무정물이 설법하는 도리)을 깨닫고 인가를 받게 되었습니다.

소동파의 예에서 보듯이, 정치인은 백성 가운데 어른을 무서워해야 합니다. 마찬가지로 가정에도 어른이 있어야 하는데, 가정에도 어른이 없다고 합니다. 남편의 실직으로 인해 경제적으로 곤란을 겪게 되면 남편을 무시하는 예가 있는데, 그렇게 되면 남편의 권위를 잃게 되는 것이고 가정이 무너지는 결과가 되는 것입니다.

절집안에도 큰스님들이 많이 계시고 그를 의지하여 수행하듯이, 여러분도 어른들을 모실 줄 아는 마음이 있어야 합니다. 무서운 사람, 스스로를 돌아보며 겸손해 질 수 있게 하는 선지식이 여러분 곁에 함께 하기를 축원합니다.

일상 · 일행삼매로
망념을 항복받으라

"부처님께서 수보리에게 말씀하시되 '모든 보살마하살은 응당 이와 같이 그 마음을 항복받을지니라[諸菩薩摩訶薩 應如是降伏其心].' 하셨다."

『금강경』

우주와 내가 둘이 아닌 하나로 보고 항시 근본 진여당체에 마음을 두고 수행하는 이가 곧 보살마하살이며 마음을 항복받은 이라 할 수 있습니다. 모든 경계를 만나되 마음에 변하고 달라짐이 없으며 안으로 산란하지 않는 이가 바로 마음을 항복받은 이라 할 수 있는 것입니다.

또한 자비희사慈悲喜捨의 방편으로 중생들을 교화하되 교화하는 사람이나 교화 받는 이에 대해 마음에 집착함이 없는 것을 보살마하살이라 합니다. 자비희사란 모든 대상을 오직 내 몸과 하나라는 생각으로 차별 없이 대하며, 불쌍한 마음을 일으켜 구하고자 하는 마음을 내고, 남이 잘 되는 것을 함께 기뻐할 줄 알며, 특별히 사랑하고 미워하는 마음을 모두 버리는 것을 말합니다. 무량한 중생을 대상으로 하여, 그들에게 무량의 복을 주는 이타利他의 마음이기에 사무량심四無量心이라 합니다.

이러한 사무량심으로 마음을 일상삼매一相三昧에 두는 것을 마음을 항복받는 것이라 하고, 그에 마음을 두고 닦아가는 것을 일행삼매一行三昧 즉 반야바라밀이라 합니다.

일상삼매는 모든 존재의 뿌리를, 모든 존재를 하나로 보는 삼매라는 말입니다. 즉 모든 존재를 진공묘유眞空妙有로, 무량광명無量光明으로 본다는 말입니다. 천지우주를 한 덩어리로 보는 견해인 일상삼매를 끊어짐 없이 사뭇 이어가는 것이 일행삼매입니다. 일상삼매를 염념상속念念相續하여, 앞 생각 뒷 생각에 딴 잡된 생각이 안 끼이도록까지 사뭇 이어가는 것이 일행삼매인 것입니다. 일상삼매와 일행삼매가 되어야만 참다운 선禪이라 할 수 있습니다.

진여당체에 마음을 두고 보시하라

"수보리야, 보살은 법에 응당히 머문 바 없이 보시를 할지니[應無所住 行於布施], 이른바 색에 머물지 않고 보시하며 성향미촉법에도 머물지 않고 보시해야 하느니라[不住色布施 不住聲香味觸法布施]. 수보리야. 보살은 응당 이와 같이 보시하여 상에 머물지 않아야 되느니라[應如是布施 不住於相]."

『금강경』

『금강경』의 이 구절은 무아사상과 자비를 내포한 구절로, 어떤 법이든 집착하는 마음 없이 보시해야 함을 이르고 있습니다. 즉 보시를 하되 바라는 마음이 있거나 주었다는 생각이 있으면, 이는 인연을 짓는 일일 뿐 진정한 복이 되지는 않습니다.

　범부의 보시는 다만 몸의 단정하고 엄숙함과 오욕의 쾌락을 구하는 고로 과보가 다하면 곧 삼도三道(지옥, 아귀, 축생)에 떨어지므로, 세존께서 대자비로 무상無相보시를 행하게 해서 몸을 단장하거나 오욕·쾌락을 구하지 않고, 다만 안으로는 간탐심慳貪心(인색하고 탐욕스런 마음)을 깨뜨리고 밖으로는 일체중생을 이익케 하기 위함이니, 이와 같이 상응하는 것을 색에 머물지 않고 보시한다고 합니다.

　따라서 근본 진여당체에 마음을 두고 보시행을 하는 것은 수행입니다. 근본 진여당체에 마음을 두게 되면 성품이 공하고, 일체가 한 몸이며, 중생제도衆生濟度란 본래 없는 것이고, 본래가 다 부처이고 무념無念이며, 법 아닌 것이 없습니다. 반면, 상相이 있게 되면 진정한 보살행이 아닙니다. 보통 사람들이 보시를 할 때는 보시에 의해 주어지는 인과를 바라는 마음이 있으므로, 그 과보가 다하면 다시 삼도(지옥, 아귀, 축생)에 떨어진다고 한 것입니다. 그러므로 세존께서 바라는 마음 없이 우주를 하나의 생명으로 보고, 다만 스스로 안으로는 탐심을 깨뜨리고 밖으로는 일체중생을 이익하게 하는 것을 '색에 머물지 않고 보시한다不住色布施'고 합니다. 고로 보시를 행하되 자신을 위해서 한다거나 어떤 과보를 바란다면 '색성향미촉법에 머무는 보시住聲香味觸法布施'가 됩니다.

　'응당 이와 같이 보시한다應如是布施' 함은 마음 가운데 조금도 상이 없는 무상심無相心으로 보시함을 말하는 것으로, 보시한다는 마음도 없고 베푸는 물건도 보지 않으며, 주는 사람 받는 사람도 분별하지 않음을 말합니다. 여기서 '상相' 이란 무엇인가를 바라는 마음, 있다는 생각, 없다는 생각, 받을 것, 줄 것, 자신을 위한 생각, 은혜를 갚기 위한 생각, 보시의 과보를 바라는 마음 등을 이릅니다.

'범소유상 개시허망 약견제상비상 즉견여래凡所有相 皆是虛妄 若見諸相非相 卽見如來(무릇 형상 있는 바 모든 것은 허망한 것이니, 만약 모든 현상이 진실상이 아닌 줄을 보면 여래를 보리라)' 라는 사구게가 있습니다. 일체 형상을 고정된 형상이 아닌 것으로 볼 때가 곧 진리를 보는 것이란 말입니다. 일체 형상은 망념妄念으로부터 변하여 나타났기 때문입니다. 망념 그 자체가 본래 공한 것인데, 그것이 변함이 어찌 실답겠습니까.

우리 마음 가운데 분별을 떠나면 일체의 상相이 없어집니다. 『기신론』에서는 이렇게 설하고 있습니다.

"깨달음이란 몸과 마음에서 모든 생각이 떠난 것이니, 관념의 상이 허공계와 같아서 곧 여래의 평등법신이라. 부처님께서 법신을 나타내고자 하므로 설하되 '일체의 모든 상이 모두 허망한 것이니 만약 일체 모든 상이 허망하여 실이 아님을 깨달으면 곧 여래의 무상한 이치를 보리라.' 하시니라. 유有에 집착하고 무無에 집착하는 것은 함께 사견을 이루는 것이니, 유·무 둘 다 없어야 한 맛으로 항상 나타나리라."

세상을 내 몸처럼
사랑하고 보살피라

"어리석은 사람은 자신을 돌보지 않고 남의 허물만 찾는다."

『무희망경』

우리에게 제일 급한 일은 내 마음, 내 주인공을 찾는 일입니다. 목숨
이라는 것은 영원한 것이 아닙니다. 이 육신은 사실 불안한 존재이죠.
그러니까 본래 마음자리를 찾는 데 소홀해서는 안 된다는 말입니다.
아직도 우리가 남의 허물만 보고 있다면 참으로 어리석은 일입니다.
남의 허물을 보기 전에 내 자신을 비춰 본다면 부끄럽기 짝이 없는 것

을 스스로 느낄 수 있을 것입니다. 정말로 내가 남의 허물을 말할 수 있는가 한번 돌이켜 보십시오. 남의 허물을 보기 전에 내 마음자리 찾는 데 마음을 모아야 합니다.

"이 몸은 괴로움의 근본이요, 재앙의 근원이다." 『법구비유경』

육신은 업의 덩어리입니다. 마음에서는 공부를 하고 싶지만 육신이 안 따라 줍니다. 이 육신이라는 것은 편한 것만 추구해 왔기 때문에 환경이 조금 바뀌면 힘들어 합니다. 그러면 마음도 따라서 변덕을 부리지요. 그러나 분명한 것은 지금 이 순간에도 우리는 죽음을 향해서 부단히 가고 있다는 사실입니다. 항상 이 몸은 무상하다고 생각하셔야 합니다.

우리가 하루하루를 볼 때는 모르지만, 10년 전 사진과 10년 후의 사진을 보면 분명히 내 자신의 몸이 변한 것을 느낄 수가 있습니다. 육신은 시시각각 분명히 변하는 것임에도 우리는 평생 이 몸뚱이 하나 잘 먹이고 편하고 즐겁게 하기 위해서 산다고 해도 과언이 아니거든요. 아무리 이 몸뚱이를 잘 먹인다 해도 결국은 한 줌의 흙으로 돌아간다는 것을 잊지 마셔야 합니다. 아직도 이런 삶이 즐겁다는 분은 수행을 못합니다. 이 육신은 언젠가 망가지는 것이라 생각하시고, 조금이라도 몸이 성할 때 정진을 하셔야 합니다. 그래야만 여러분들이 나중에 죽음에 임해도 후회하지 않습니다.

"세속 사람들은 모두 자기 자신을 사랑하지만 막상 자신을 편안하고 이롭게 하지는 못한다. 하물며 이런 사람들이 남을 편안하게 하고 남을 이롭게 하는 사랑을 베풀 수 있겠는가. 보살(구도자)은 그렇지 않아서 자신에 대한 사랑을 버리고 오직 남만을 사랑한다." 『대승장엄경론』

세속 사람들이란 바로 여러분을 말합니다. 가정을 갖고 사는 분들은 모두 자기 자신을 사랑하지만 막상 자신을 편안하고 이롭게 하지 못한다는 것이죠. 여러분들이 세속에서 아무리 가족을 사랑해도 자기 참 자신은 진심으로 사랑하지 못합니다. 다시 말해서 자기 본래의 참 부처님 생명을 모르고 사는 것을 지적하는 말이에요. 사람의 본래 참 마음자리는 우주를 벗삼아 살아가는 마음자리인데 그 위대한 마음을 우리가 등지고 있기 때문입니다.

서양에서는 물질 위주로 인간의 행복을 추구했지만 '물질로서는 우리가 추구하는 행복에 이를 수 없다.' 라고 결론을 내렸어요. 그러다 보니까 서양의 학자들이 동양의 정신적인 사상에 관심을 갖게 됐는데, 특히 대승사상인 부처님 가르침이 참으로 위대하다는 것을 인정했어요. 우주를 하나로 보는 견해에서 추구하는 세계니까요.

우리는 이 위대한 부처님의 가르침을 듣고 있으면서도 우주와 하나가 될 수 있는 그 행에 대해서는 무관심해요. 열심히 하시는 분도 많이 계시지만, 생각으로만 하면 안 됩니다. 구도자 즉 보살은 자신에 대한 사랑을 버리고 오직 남만을 사랑한다고 하죠. 보살의 경지에서는 이미 형상을 초월했기 때문에 나와 너가 따로 없습니다. 나와 너가 따로 없으니까 우주를 그대로 하나로 보는 견해로 행동하는 것이죠. 그것이 진정한 부처가 될 수 있는 덕과 지혜를 갖춘 행위입니다.

이것은 사람들이 자식을 키우면서 똥, 오줌이 더럽지 않다 생각하고 보살피는 것과 같습니다. 그런데 보통 사람들은 내 자식이라고 하는 그 테두리 안에서만 가능하단 말이에요. 그러나 보살은 이 우주를 그대로 내 몸과 함께 하나로 보고, 자식이라 봅니다. 사람들이 자식을 키울 때 똥, 오줌 더럽다 생각하지 않고 즐거운 마음으로 대하듯이, 보살은 이 우주를 그대로 하나로 보고 생각하고 행하는 것입니다. 보살 경지에 들어간 사람은 그 행위 하나하나를 모두 즐거운 마음으로 하게 마련입니다.

"앞도 버리고 뒤도 버리고 중간도 버려라. 생존의 피안에 도달한 사람은 모든 이치에서 마음이 해탈되어 있어 다시 생로병사의 윤회를 받지 않는다.” 『소부경전』

　‘앞도 버리고 뒤도 버리고 중간도 버려라.’ 라는 말은 중도 사상입
니다. 우리는 아직도 눈에 보이는 것만 전부인양 살고 있지요. 그런데
눈에 보이는 물질이란 것은 사실이 아닌 것입니다. 꿈을 꿀 때 친구를
만나서 차를 마시고 많은 얘기를 하다 꿈 속에서 탁 깨고 나면 친구도
없고 꿈속에서 보았던 것이 순간적으로 없어져 버립니다. 마찬가지로
현실에서 느끼고 있는 대상이라는 것도 모두 사실이 아니란 말입니다.
즉 보살 경지에 들어간 사람이 모든 물질의 근본을 보면 다 마음으로
되어 있단 말입니다. 마음으로 되어있기 때문에 앞도 없는 것이고 뒤
도 없는 것이고 또 중간도 없어요.

　여러분이 어떤 일을 하시다 보면 시간 가는 줄 모르고 깊이 빠져 버
리는 수가 있지요. 그 순간은 모든 것에서 벗어난 순간입니다. 굉장히
편안한 경지에 들어간 것입니다. 부처님 경지에 들어간 것은 바로 그
런 경지에 있다는 것입니다. 사실은 그 순간이 제일 행복한 순간이예
요. 그런데 우리는 지금 겉만 보고 너다, 나다 분별하기 때문에 괴로
운 것임을 알아야 합니다.

문자나 형상에 휘둘리지 않는 정진

　부처님은 우리들이 '본래 부처' 란 말씀을 해 주셨어요. 참선은 쉽게 말씀드리면 본래의 마음자리를 참구하는 것을 말합니다. 우리는 누구나 본래 부처님자리를 갖추고 있지만 그 이치를 아는 사람과 모르는 사람은 하늘과 땅만큼 차이가 납니다. 염불 한 마디 한 마디가 수행자 본래의 청정한 마음자리를 드러나게 하고 나아가서는 세상을 맑혀줍니다.

　그런 사실이 눈에 보이지 않는다고 해서 쉽게 받아들이지 못하는 경우가 있습니다만, 진리는 보는 것이 아닙니다. 진리는 보는 것이 아니라 깨닫는 것입니다. 이 진리를 『천수경』에서는 '백천만겁난조우百千萬

劫難遭隅’라 말하고 있어요. 진리란 쉽게 만날 수 있는 것이 아니라는 겁니다. 그러나 진리를 깨닫고 보면 마치 어둠 속에 횃불을 들고 가는 것과 같다고 했어요. 우리는 한치 앞도 알지 못합니다. 그래서 우리는 눈을 뜨고 있지만, 캄캄한 어둠 속에 있습니다.

절에 열심히 다녔는데, 재앙을 만났다고 부처님을 원망하는 불자들이 있는데, 그래서는 안 됩니다. 부처님은 복을 지을 수 있는 길을 안내해 주시는 분이지, 복을 주는 분이 아닙니다. 수행자가 염불을 간절히 한 만큼 공덕을 이루고, 열심히 공덕을 지으면 그 만큼의 공덕을 다시 얻는 것이기 때문입니다.

우리의 본래 마음자리는 ‘불생불멸 불구부정 부증불감 不生不滅 不垢不淨 不增不減’ 이라고 『반야심경』에서 말씀하셨어요. 우리 본래의 마음은 보이지 않기 때문에 나고 죽음도 없고, 더럽고 깨끗함도 없으며, 조금도 두려울 것이 없습니다. 우리 앞에 핵폭탄이 떨어져도 우리의 불성자리는 조금도 멸하고 훼손되지 않으며, 일체의 두려움이 없는 것입니다. 그 소식을 아는 것이 진리를 보는 것이라고 할 수 있어요.

이 진리의 말씀은 우리에게는 꿈 같은 소식이지만 분명히 꿈은 아닙니다. 부처님 열반의 세계는 여러분이 직접 정진을 통해서만 체득할 수 있습니다. 스님들이 아무리 좋은 법문을 해도 여러분 자신이 정진하지 않으면 체득할 수 없는 세계입니다. 시간 있을 때 마다 틈틈이

10분, 20분 또는 그 이상 앉아서 정진하세요.

"언어는 이 형상의 세계를 떠나서는 존재하지 않는다. 지혜로운 이
는 언어에 붙잡히지 않기 때문에 두려움이 없다. 왜냐하면 아무리 완
전한 언어라 해도 거기에 집착하게 되면 영원히 그 언어의 속박에서
벗어날 수 없기 때문이다. 두려움이 없는 것, 이것이 바로 해탈이다."

『유마경』

우리가 말을 하지 않고는 살 수 없지만 말, 즉 언어라는 것은 우리의
본래 마음이 아니라 생각에서 비롯된 것일 뿐입니다. 그래서 언어나
문자라는 것은 진리와 통할 수가 없습니다. 그러나 본래의 마음자리
에 마음을 두고 정진하여 깨닫게 되면 부처님이 말씀하신 팔만대장경
을 다 읽지 않아도 그대로 통달하게 됩니다.

가끔 보살님들 가운데는 관세음보살님을 찾다가 지장보살님을 찾으
니까 관세음보살님께 미안한 생각이 든다고 말씀하시는 분이 계십니
다. 그것은 아직도 문자나 형상에 휘둘리고 있다는 이야기예요. 우리
가 진정으로 본래면목, 본래 마음자리를 정확히 이해하고 정진할 때
깨달을 수 있는 공부가 되는 것입니다.

수행자의 제일 문제가 무엇이냐 하면 정진을 하고자 하는데, 집중이

안 되어서 힘이 든다는 것입니다. 참선할 때 참선이 잘 되면 참선 자체가 즐거움이지만, 집중이 안 되니까 오만가지 생각이 다 드는 겁니다. 하지만 처음엔 누구나 그렇습니다. 다만 매일같이 꾸준히 하다보면 차츰 익숙해지고 망상을 이길 수 있게 됩니다.

『무희망경』에 "어리석은 사람은 자신을 돌보지 않고 남의 허물만 찾는다."는 말씀이 있습니다. 자기 본래의 마음자리를 찾지 않는 사람, 남의 말만 하는 사람, 사실이 아닌 것을 사실인 양 믿고 사는 것이 가장 큰 죄이고 큰 병입니다. 우리 모두가 그런 소지를 가지고 있습니다. 자기의 본래 마음자리는 찾지 않고 다른 사람의 허물만 말하기 쉽습니다. 불자들이 초하루라고 절에 오셔서 방석 딱 깔고 앉아 그냥 옆에 사람하고 얘기만 하신다면 정말 시간이 아깝습니다. 절에 오시면 일단 오는 순서대로 앞에서부터 차례로 앉아서 참선하고 계십시오. 그 얼마나 보기 좋습니까?

이 몸은 괴로움의 근본이요 재앙의 근원입니다. 업의 덩어리이며 고통의 덩어리입니다. 하지만 여러분이 참선을 열심히 하면 몸이 유연해지고 특히 나이가 많으신 분들도 몸이 부드러워집니다. 집에서도 참선하시고 매일같이 몸을 풀어주세요. 허리운동도 하시고 발바닥을 자꾸 눌러 주세요. 앉아서 발바닥을 눌러보면 아픈 데가 있을 것입니다. 발바닥에 노폐물이 쌓여서 그렇습니다. 그 노폐물이 혈관을 압박하고 심장을 압박하고 풍도 오게 합니다. 틈틈이 참선하시고 중간 중간 몸을 풀어주셔서 수행자 스스로 건강한 몸과 마음을 만들어 가시기 바랍니다.

백 번 참고 한 번 생각하라

날씨는 우리가 살아가는 것과 똑 같습니다. 어느 날은 화창하고, 어느 날은 구름이 끼어 어두컴컴하고……. 우리 마음도 그렇지 않습니까? 똑같은 날씨라도 느끼는 감정은 각각 다릅니다. 낙엽이 지는 모습을 보고도 느끼는 감정이 각자 다릅니다. 나이 드신 분들은 푸르고 싱싱하던 나뭇잎들이 저렇게 가을을 맞이해서 일생을 마치는 모습을 보면 좀 서글프게 느끼시죠. 젊은 세대들은 낙엽 지는 모습도 즐겁게 느껴질지 모릅니다.

여러분도 아마 그런 마음을 가지고 살아오셨을 겁니다. 똑같은 생을 살면서도 개개인이 각기 다르게 느끼며 살아가는 것은 과거 생에 지은 업이 각각 다르기 때문에 그렇습니다. 업이 다르다는 것은 똑 같은 이 자리, 이 상황에서도 똑같은 생각을 하고 있지 않다는 것이죠. 각자 다르게 생각하고 있습니다. 그러니 지은 업도 다를 수밖에 없는 것입 니다. 모습이 다를 수밖에 없고, 이 사람 저 사람 만나서 사는 것도 다 같을 수가 없어요.

마음이란 것이 원자 차원에서 1초에 99억 번 진동을 한다고 하니까 우리 생각이 얼마나 변덕스러운 것입니까? 그 변덕스런 마음을 다잡 기 위해서는 우리가 부처님 가르침을 배워서 그 가르침대로 살고자 노 력해야 합니다. 그런 의미에서 번뇌를 잠재울 수 있는 길을 배우셔야 하겠죠. 우리가 본래 부처임에도 불구하고 부처의 삶을 살지 못하잖 아요. 그러니 부처자리에 마음을 두고 닦아 가면 부처와 하나가 되는 순간만큼은 번뇌가 녹아 내려가는 것입니다. 번뇌가 녹아 내려가면서 우리의 청정불성을 감싸고 있는 탁한 기운이, 다시 말해서 업력이 정 화가 되는 거예요. 그것이 정화되면 불성이 드러납니다.

눈에 보이는 것이 전부라는 집착 때문에 우리가 부처자리[佛地]로 돌 아가지 못하는 것입니다. 그것을 우리가 빨리 깨달아야 합니다. 인생 은 참으로 짧습니다. 겁劫(무한한 시간단위) 차원에서 보면 칠팔십을 살 아도 굉장히 짧은 시간에 지나지 않아요. 여러번 말씀드리지만 이 현 상세계는 사실이 아닌 것입니다. 사실이 아닌 것을 우리가 사실인양 휘둘려 가는 거예요. 그래서 속기도 하고, 상처받기도 하고, 눈물도 흘리고, 가슴을 치는 일이 생기는 거예요. 진실을 바라보지 못하기 때문에 그렇습니다.

그래서 우리 불자님들은 인과를 분명히 받아들여야 해요. 인과를 받아들이지 않으면 원망이 생겨납니다. 너 때문에, 누구 때문에 하고 말입니다. 어느 불교신문에서 불자를 대상으로 인과를 믿느냐, 안 믿느냐에 대해 여론 조사를 했는데, 60% 정도만 인과를 믿는다는 결과가 나왔답니다. 인과도 불교의 핵심에 속합니다. 정진을 많이 하면 많이 하는 만큼 빨리 깨우칠 수 있는 것도 그런 원리라고 할 수 있습니다. 부지런히 정진하십시오.

"실로 이 세상에 있어서 원한을 원한으로 갚는다면 원한의 고리는 영원히 끊어지지 않을 것이다. 인내만이 원한의 고리를 끊을 수 있다. 또한 원망은 원망에 의해 갚아지는 것이 아니다. 다만 잊어버림으로써 소멸하는 것이다. 이것은 영원한 진리다." 『잡아함경』

우리는 항상 당한 것만 생각하지, 전생에 내가 행한 것은 생각 못해요. 같은 부부의 인연에 의해 평생을 사는 분들 가운데도 타의 모범이 될 만큼 잉꼬부부로 살아가는 분들이 있어요. 그런 부부는 보기에도 좋아 보이고 부러워할 만한 대상입니다. 반면에 평생 등 돌리고 사는 부부도 있습니다. 똑 같이 서로 안 지려고 하기 때문에 만나기만 하면 부딪히는 것입니다. 이런 경우는 전생의 악연 때문에 그렇습니다. 전생에 악연이었던 사람과 인연이 되면 만나기만 하면 싫은 거예요. 이것은 전생의 업이라 하고 받아 들여야 합니다. 그런데 지금 젊은 사람들은 절대 안 참으려고 하죠. 그것을 못 참고 그냥 부딪치기 때문에 쉽게 돌아섭니다.

대부분 미우면 복수하고 싶은 마음이 일어나지만, 그렇게 될 수밖에 없는 인연이 되었을 때, 그래도 그것을 참으면 전생의 업을 녹이는 일이 됩니다. 어떤 일로 분한 마음이 생기게 되었을 때 그 순간을 참지 못하면 더 큰 불길로 번져 나가게 됩니다. 결국 더 힘들어 지는 것입니다.

위 경전 법문에서도 "인내만이 원한의 고리를 끊을 수 있다." 고 했지만, 한 삼일 정도만 참으면 대화를 하더라도 감정이 누그러진 상태에서 할 수가 있습니다. 어느 부대에 가서 보니까 "백번 참고, 한 번 생각하라."는 문구가 있던데, 쉬운 일은 아니지만 만약에 그 글귀대로만 행한다면 누구나 다 도인이 될 수 있을 것입니다. "원망은 원망에 의해 갚아 지는 것이 아니다." 라는 가르침을 항시 마음에 두고 살아 가시길 바랍니다.

고삐 풀린 망아지를
염불과 화두로 묶어라

모든 고통은 자기 자신의 집착과 탐욕에 의해서 만들어진 것이기 때문에 결국, 자신의 마음을 통해 녹이는 것이 고통에서 벗어날 수 있는 유일한 길입니다. 내가 지은 것은 내가 내 스스로 소멸시켜야 합니다. 내 배가 배고프면 내가 먹어야 배고픔이 해결되듯이, 모든 부분은 내 마음에서 내가 지어낸 것이기 때문에 역시 내가 소멸 시켜야 된다는 이야기예요. 결국 모든 문제는 오직 정진을 통해서만 해결 될 수 있다는 말입니다.

정진을 잘 이어가기 위해서는 좋은 도반의 역할도 중요합니다. 부처님께서는 좋은 도반을 만나는 것은 이미 50%의 도를 이룬 것과 같다고 말씀하셨습니다. 놀기 좋아하는 도반과 어울리면 어쩔 수 없이 함께 놀게 되잖아요. 놀이 문화는 스트레스를 잠시 해소시켜 줄 수는 있겠지만, 근원적인 문제는 해결하지 못합니다. 주위에 열심히 수행하는 분들과 가까이 하시면서 부디 정진의 끈을 놓지 마시기 바랍니다.

“질투와 욕심을 떠나 마음으로 늘 보시를 좋아하는 사람은 매우 아름답게 살다가 죽은 뒤에는 곧 부호의 집에 태어나게 된다.” 『월릉삼매경』

질투와 욕심을 떠나 항시 남을 따뜻하게 포용하는 마음으로 늘 보시를 좋아하는 사람은 곧 복이 된다는 말이에요. 다음 생에 꼭 좋은 집에 태어나기 위해 불교를 믿어서는 안 되겠지만, 열심히 정진하면 자연스럽게 좋은 인연을 만나게 된다는 이야기예요. 마음이 항상 따뜻하다는 것은 내 가족만을 위하는 마음이 아니라 이웃의 모든 사람을 위해 베풀 수 있는 마음을 이야기합니다. 사람들이 자식에게 조건 없는 사랑을 베풀듯이 일체의 중생에게도 조건 없이 베풀 수 있는 마음이라면, 죽은 다음에 훌륭한 가정에 태어나게 된다는 것입니다.

주위에 보면 절에 가서 정진을 좀 하고 싶어도 환경이 정말 그렇지 못한 사람들이 많습니다. 열심히 정진하고 싶어도 먹고 사는 일이 다

급해서 또는 이것저것 걸리는 일이 너무 많아서 정진을 미룰 수 밖에 없는 것은 전생에 제대로 마음을 잘 닦지 못했기 때문입니다. 복을 짓는다고 해도 욕심을 많이 가지면 안 됩니다. 봉사를 해도 욕심이 없는 순수한 마음으로 우러나서 해야지, 마지못해 하면 그것은 욕심일 뿐입니다.

"일어나서 노력하라. 영원한 안락을 얻기 위하여 열심히 공부하라. 마음의 불안이나 방일, 나태, 이 모든 것들은 깨달음을 성취하는 데 장애가 된다. 그러므로 근본을 알고 규명하여 마음의 안정을 위해 노력하라." 『소부경전』

'일어나서 노력하라.' 는 말은 깨어서 발심하라는 말과 같습니다. 보통 불자들이 초하룻날 법당에서 다함께 정진하면 잘 되지만 가정에 돌아가서 혼자 해보면 잘 안 됩니다. 정진은 되도록 여럿이 모인 상태에서 하는 것이 더 잘 됩니다. 참선할 때 연세가 드신 어르신들이 옆에 딱 버티고 계셔 보셔요. '나이 드신 분들도 저렇게 열심히 하는데…' 하는 부끄러운 생각에 발심하게 되고 서로 경쟁하면서 열심히 정진하게 됩니다.

여기서 중요한 것은 '근본을 알고 규명하여 마음의 안정을 위해 노력하라.’ 는 것입니다. 먼저 부처에 대한 정확한 이해가 정립이 되어 있어야 해요. 맹목적으로 앉아있게 되면 그만큼 더디게 되어 있어요. 자기 자신을 자꾸 다독거려야 합니다. 우리 몸은 편한 것 위주로 자꾸 살아가고 있어요. 사람이 편하면 쓸 데 없는 생각을 하게 됩니다. 이 몸은 언젠가는 썩어 없어집니다. 자기 자신을 자꾸 추슬러서 잘 안 되더라도 하루 10분이라도 습관을 들이시고 번뇌가 일어나도 자꾸 하다 보면 됩니다.

소는 흔히 불성을 상징합니다. 소를 처음에 길들일 때는 끌고 다니면서 길을 들여 가르쳐야 합니다. 그와 마찬가지로 우리 마음도 여섯 가지 기관을 통해서 휘둘리며 살아가고 있어요. 그러니 고삐 풀린 망아지처럼 이리저리 오가는 마음을 염불이나 화두에 딱 묶어 놓아야 해요. 고삐 풀린 망아지나 송아지를 묶어 놓으면 처음엔 난리를 치는 것처럼 흩어진 우리의 마음을 염불이나 화두에 묶어 놓으면 길들여진 것이 아니기 때문에, 처음엔 막 요동을 칩니다. 중요한 것은 자세가 편안해야 하는데, 몸이 굳어서 저리고 아프니 집중이 잘 안 되는 것입니다. 그러나 차츰 편안하게 안정을 하면 서서히 망상이 가라앉아 참선을 잘하게 되는 법입니다.

번뇌가 들어가지 않도록
빠르게 염불하라

마음과 육신을 '나' 라고 생각하는 사람이 적지 않을 것입니다. 육신은 한 순간에 목숨을 다하게 되면 죽는 것입니다. 하지만, 마음은 육신과 함께 죽는 것이 아니고 육신을 끌고 다니다가 육신이 고장 나거나 문제가 생기면 그 육신에서 빠져 나오는 것입니다. 결국 육신의 주인은 마음입니다. 부처님께서도 "마음을 깨달으면 부처요, 마음을 모르면 중생이다." 라고 말씀하셨습니다. 생사도 없는 그 마음자리가 여러분 본래의 자리입니다. 마음을 부처님이라고 부르기도 하고, 자비하신 관세음보살님이라고도 하며, 원력의 차원에서는 지장보살님이라고도 하는 것입니다.

　부처님께서는 왕자로 태어나서 왕이 될 수 있는 자격을 갖추셨지만, "인간은 왜 태어나면 늙고 병들며 죽음이란 것을 피할 수 없는가?"에 대해 고민을 하게 됩니다. 싯다르타 태자는 그 문제를 해결하고자 왕이 될 수 있는 자리를 버리고 스스로 고행을 택하셨습니다. 그런데 깨닫고 보니 놀랍게도 일체의 모든 중생에게 부처가 될 수 있는 성품이 있음을 보게 되었습니다. 그래서 성불하신 다음 45년 동안 맨발로 걸어 다니시면서 중생들에게 깨달을 수 있는 길을 일러주신 것입니다. 자비하신 부처님께서 우리에게 45여 년 동안 말씀하신 것은 바로 "우리는 누구나 본래 부처가 될 수 있는 성품을 가지고 있다."는 것이었습니다. 우리가 본래 부처이면서 부처가 될 수 있는 길을 말씀해 주신 것입니다.

　부처님은 우리의 본래 마음자리에 계십니다. 의심하시면 안 됩니다. 부처님은 절대 우리 마음 밖에 따로 계신 것이 아니에요. 그 점을 꼭 아셔야 합니다. 불교는 참나를 찾는 종교이지 매달려서 구하는 종교가 아닙니다. 부처님은 "진리를 믿어라."고 말씀하셨지 당신을 믿으라는 말씀은 하지 않으셨습니다. 경전에도 기도라는 말은 절대로 없어요. 내가 본래 부처이기 때문에 부처자리로 돌아가기 위해서 다만 정진을 하는 것입니다.

세상에서는 종교를 갖지 않은 분들 가운데도 잘 사는 분들이 많습니다. 명문대에 가는 분도 많습니다. 종교를 믿는다고 해서 다 부자가 되고 성공하는 것은 아니라는 얘기죠. 왜냐하면 이미 각자가 전생에 뿌려놓은 씨앗이 다르기 때문입니다. 각자 살아온 업이 다르기 때문입니다. 복을 받기 위해서는 복을 받을 만한 일을 해 놓은 것이 있어야만 복을 받는 것입니다. 전국에 큰 불사佛事를 한 사찰을 보게 되면 꼭 큰 원력을 세워서 열심히 정진하시는 스님이 계십니다. 누구든지 열심히 정진을 하게 되면 좋은 인연을 만나 뜻을 이루게 됩니다. 스님들은 어떤 불사를 하기 위해 출가를 한 것이 아니라 깨닫기 위해서 출가를 한 것이기 때문에, 열심히 수행하다 보면 자연스럽게 좋은 인연이 지어지고, 그 인연을 통해 불사를 이루게 되는 것입니다.

여러분도 가정에서 열심히 정진을 하셔야 합니다. 남편이 하는 일, 자손이 하는 일, 걱정만 하시지 말고 열심히 염불하고 정진하면 그 가운데 맑은 기운이 나와서 가정의 탁한 기운이 정화됩니다. 가정이 정화되면 절 도량처럼 맑아지고 편안해집니다. 보살님들이 가정에서 열심히 정진하고 염불하시면 밖에서 스트레스와 피곤에 지친 남편이나 자식들이 가정으로 돌아 왔을 때 맑은 기운과 편안함을 느끼게 됩니다. 남편들이 집에 들어 왔을 때 편안해야 밖에 나가서 큰일을 할 수가 있습니다. 보살님들이 집안에서 하실 일은 가족을 편안하게 해주

는 것입니다. 아내의 어원은 '집안의 해'라는 뜻의 '안해'에서 시작
되었다는 말도 있어요.

　죽음에 이르러서는 후회해도 소용 없습니다. 스스로 어떻게 살다 마
지막 죽음에 이르러서 어찌 갈 수 있는가를 분명히 알 수 있어야 합니
다. 부처님 가르침을 통해서 보면 우리 육신은 껍데기에 불과합니다.
그 도리를 알고 마음이 부처라는 것을 확실히 믿고 부지런히 정진을
한다면 죽음에 이른다고 해도 두려울 것이 없어요. 그것을 확실히 알
고 정진을 하셔야지, 그렇지 않고 매달리는 마음으로 신앙생활을 하
시면 안 됩니다.

　인과로 보면 우리가 말하고 생각하는 것이 없어지는 것이 아니라 녹
음기에 녹음이 되듯 하루하루 삶이 그대로 업이 되어서 쌓입니다. 그
렇기 때문에 세상을 살아가는 모습들이 각기 다를 수밖에 없는 것입니
다. 모두 다 똑같은 마음으로 사는 것이 아니니까요. 이 세상에 믿을
것은 아무 것도 없습니다. 여러분 자신이 부처라는 것, 본래 마음이
부처라는 것, 그 이외에는 믿을 것이 없다는 이야기입니다.

　바로 여러분이 일생을 통해 얼마나 정진했느냐에 따라 사후세계가
결정되고, 후손들에게 편안함을 줄 수 있을지 없을지 여부가 결정됩
니다. 여러분 자신부터 먼저 영험 있는 불자가 되어야 합니다. 수행을
많이 해서 세포까지 맑아지고 좋은 기운이 나오면 심지어 영가들도 도

망을 갑니다. 불자들이 어정쩡하게 살다 이런 저런 일에 충격 받고 힘들다 보면 삿된 기운이 들어오는 것입니다.

　매일같이 아침마다 30분씩이라도 정진을 하시고 하루 일정을 미리 생각하시면서 뜻을 이루시기 바랍니다. 본래 마음자리에 마음을 두고 각자 염불을 하실 경우 관세음보살님을 찾는 분들은 관음, 관음, 관음을 빨리빨리 찾으시고 지장보살님을 찾는 분들은 지장, 지장, 지장을 빨리빨리 염하시면 다른 생각이 일어나지 않게 됩니다. 천천히 하시게 되면 온갖 번뇌가 찾아들게 되므로 빠른 속도로 지장, 지장, 지장…… 관음, 관음, 관음…… 아미타, 아미타, 아미타…… 빠른 속도로 하십시오. 이렇게 자기 자신을 고요히 비추어 보게 되면 아주 편안해 질 것입니다. 편안한 가운데 여기서 자기 자신을 뒤돌아보시고 앞으로 어떻게 살아야 될 것인가를 한번 생각해 보십시오. 어떻게 살아야 할 것인가? 지금 이 순간에도 우리는 죽음을 향해서 부단히 다가가고 있음이 사실입니다. 언제나 불명佛名을 불러주시고, '기도' 라는 말 대신에 '정진' 이란 말을 쓰시고, 불교를 바로 알고 참선합시다.

해인삼매에 들어야 우주를 굴린다

참선이라는 것은 진리의 당체가 무엇인가를 참구하는 것을 말합니다. 우리가 무아無我라 하기도 하고 혹은 불성, 법성, 진여, 주인공이라 하기도 하는 것이 모두 진리 당체의 자리를 말하는 것입니다. 그러나 진리 당체에 대해서는 무아라고 해도 맞지 않고 법성이라고 해도 맞지 않습니다. 진리에 대해서는 어떤 이름도 붙일 수 없기 때문입니다.

우리 육신을 예로 설명 드리면, 현대 의학에서는 우리 육신이 육십 조 개 이상의 세포로 구성 되어 있다고 말합니다. 하나의 세포 내에도 수십조 개의 원자 생명이 들어있고, 또 그 원자 생명 안에도 소립자 생명이 들어있는데, 소립자를 더 세분하면 그것은 물질이 아니란 말입니다. 그것은 그저 생명입니다. 이 생명을 부처님께서는 마음이라고 하셨어요. 그러니까 지금 우리가 보고 듣는 것은 눈과 귀가 아니라 마음이 눈을 통해, 귀를 통해 판단하는 것입니다. 그러니 우리 육신을 구성하고 있는 세포 하나하나가 모두 생명, 즉 마음이라는 결론을 내릴 수 있습니다.

돌이나 나무, 그 밖의 모든 물질도 분석해 보면 본질이 마음으로 되어 있어요. 19세기의 저 유명한 독일의 철학자 니체도 '신은 죽었다', '돌도 맹목적 의식을 가지고 있다' 고 주장했어요. 물론 그 시대 사람들은 니체의 말을 인정하지 않았지요. 그러나 그 후 물리학자 아인슈타인이나 하이젠베르그를 통해서 니체의 주장이 틀리지 않았음이 확인되었어요. 그러니까 현대물리학에서도 돌이나 모든 물질의 본질은 에너지, 즉 빛으로 되어 있음이 밝혀진 것입니다. 그 빛이 곧 마음, 생명을 이야기하는 것입니다.

모든 물질의 본질이 모양도 없고 나눌 수도 없는 마음으로 되어있다는 것은 우주가 하나의 생명, 즉 불성으로 되어 있다는 말과 다르지 않습니다. 그것을 『화엄경』에서는 '일체가 다 마음으로 되어있다' 고도 하고, 그것을 굳이 표현하면 원圓으로 표현하게 되는 것입니다. 모든 것은 인연에 의해서 이루어졌다고 생각하는 것은 잘못입니다.

『반야심경』에 색色이 곧 공空이요, 공이 곧 색이라는 구절이 있습니다. 진리의 차원에서 공은 마음입니다. 심즉시불心卽是佛, 즉 마음이 곧 부처님이고, 진여이고, 여러분 본래의 주인공 자리이며 우주의 근본 자리인 것입니다. 그러니까 부처님께서 손가락으로 불성을 가리킨 것이에요. '직지直指'란 곧 그런 뜻입니다. 우리가 바로 부처라는 것, 모든 것이 본래 부처라는 것, 부처란 다른 표현으로 마음이라 한 것입니다.

모든 존재는 마음으로 되어있고 모양이 없기 때문에 이름 붙일 수 없는 이것을 '제법무아諸法無我'라고 합니다. 반야의 자리에서 비춰보면 결국 모든 존재는 나라고 할 수 있는 것이 아무것도 없다는 것입니다. 그러나 우리가 보통 말하는 번뇌의 마음과 진여당체를 하나로 봐선 안 됩니다. 진여당체란 조금도 움직임이 없는 자리를 말합니다. 그래서 부처 경계에 든 것을 해인삼매海印三昧라고 합니다. 우리 마음에 미동조차 없는 경계가 부처님의 경계이고 해인삼매라는 것이죠. 우리가 해인삼매에 들어갔을 때, 비로소 우주와 하나 된 경지로 우주를 마음대로 쓸 수 있는 힘이 생기는 것입니다.

우리가 무시이래 익혀온 한량없는 습習이 쉽게 끊어질 순 없지만, 반야의 원리를 깨닫고 올바르게 정진하면 업이 빨리 맑아집니다. 정진한다고 해도 과거의 업이 남아 있기 때문에 끊임없이 노력해야 합니다. 내가 지어온 업은 자기 스스로 맑힐 수 밖에 없습니다.

안심安心을 체험해야
수행의 힘을 얻는다

"신체로 인한 악행, 말로 인한 악행, 마음으로 인한 악행을 버려라. 신체로써 좋은 일을 하며, 말로써 좋은 일을 하며, 마음으로써 좋은 일을 하여라. 두려움 없는 무량한 선행을 하여라. 신체로써 좋은 일을 하고 말로써 좋은 일을 한다면 그 사람은 이 세상에서도, 또 저 세상에서도 행복을 얻을 것이다." 『소부경전』

우리가 살아가면서 지은 업 가운데 입으로 지은 업이 가장 많습니다. 『천수경』이 '정구업진언淨口業眞言' 부터 시작되는 것도 입으로 지은 업을 정화시키기 위해서입니다. 말로 인한 악행을 정화하고, 말로써도 좋은 일을 하는데 힘써야 합니다. 또 우리말에 '사촌이 땅을 사면 배가 아프다.' 는 고약한 말이 있습니다. 이것은 마음으로 인한 악행을 말하는 것이죠. 마음으로 인한 악행 또한 참으로 무서운 것입니다.

마음에서 용서를 못하면 한恨이 맺혀요. 개인적으로 사사로운 일은 물론이고 국가적인 일에 있어서도 상호간의 시기와 질투로 인해 애써 투자하고 연구하며 혼신을 다한 사업을 망쳐 막대한 손해를 보는 경우가 많습니다. 서로 자신의 이익에 눈이 어두워 미래를 내다보지 못하기 때문이죠. 국가의 이익을 위해서라면 정치권의 여당과 야당이 끝까지 힘을 합해야 합니다. 국가나 단체의 이익을 위해 양보하고 마음을 비우고 서로를 위해 밀어주면 너와 내가 아닌, 국민 모두를 위한 이익이 되는 것입니다.

사찰 내에서도 갈등이 생기는 일이 간혹 있는데, 한 생각을 버리면 너의 일과 나의 일이 따로 있는 것이 아닙니다. 특히 우리 불자 여러분은 너와 내가 아닌 우주를 하나로 보는 공부를 하는 입장이기에 내가 손해를 보는 일이 있다고 하더라도 화합을 우선으로 해야 합니다. 모든 중생이 추구하는 행복이 여기에 다 있습니다.

그러니 여러분이 가족을 대할 때 관세음보살님처럼 대해 보세요. 행동으로써, 말로써, 마음으로써 관세음보살님을 대하듯이 해 보세요.

그러면 가족들이 바뀝니다. 여러분이 관세음보살님을 따르듯이 가족들이 여러분을 따릅니다. 마음이 바뀌어야 언어가 바뀌고 행위가 바뀝니다. 자신이 바뀌어야 남에게 부처님 말씀을 전할 수 있는 기본적인 불자의 모습으로 바뀌게 되는 것입니다.

"단순히 예쁘고 몸매가 날씬하다고 해서 미인이라 하지 않는다. 미인은 오직 마음이 단정하여 남에게 경애敬愛되는 자를 일컫는다."

『옥야경』

부처님께 꽃 공양을 많이 하면 미인이 된다고 합니다. 그러나 겉모습이 아름답다는 이유만으로는 진정한 미인이라고 할 수 없습니다. 마음이 따뜻하고 고와야 진정한 미인이지요. 여러분이 상상을 해 보세요. 토끼가 순하고 귀엽지만 쥐를 잡아먹는다면 과연 예쁘게 보일까요? 끔찍하죠. 얼굴이 예쁜 사람이 술을 마시고 욕을 하면 아름답게 보이지 않는 것과 같습니다. 우리는 예쁜 외형 보다는 바르고 따뜻한 마음가짐으로 미의 기준을 삼아야 하겠습니다.

"바른 가르침을 믿는 것, 이것이 최고의 행복이다."

『법구경』

바른 가르침이란 반야의 원리를 말합니다. 반야의 원리를 믿고 끊임 없이 정진하는 길이 바로 최고의 행복이라는 것입니다. 근본이 밝혀 지지 않은 상황에서는 아무리 나쁜 사람이라 할지라도 언제든지 바뀔 가능성이 있습니다. 우리는 모두 부처님 모습을 갖추고 있어요. 때문 에 우리가 아직 중생놀음에서 벗어나지 못한다고 할지라도 끊임없이 정진한다면 부처자리로 돌아갈 수 있습니다.

기본이 중요합니다. 열심히 정진하는 것을 생명으로 삼고 생활하셔 야 합니다. 매일 아침마다 일찍 일어나셔서 정진을 하세요. 부처님 공 부는 깨닫는 것이 목적이니까, 형식에 휘둘리지 마시고 참선을 하세 요. 좌선을 통해서 스스로의 마음자리를 바라보게 되면 여러분들도 안 심安心에 들어갈 수 있어요. 안심을 체험해 보아야 수행의 맛을 보게 됩니다. 수행의 맛을 느끼게 되면 수행을 통해서 부처님 말씀처럼 행 복을 느낄 수 있게 됩니다.

그래야 내가 바뀌고, 내 주위사람이 바뀌고, 여러분들이 주변 사람 에게 큰 힘을 줄 수 있고, 행복을 줄 수가 있습니다. 가족을 진정으로 생각하고 걱정한다면 자신이 먼저 참 불자가 되어야 합니다. 자신이 먼저 부처님 말씀에 귀를 기울이며 정진의 끈을 놓치지 않고 영험 있 는 불자가 되어야 남에게 도움을 줄 수 있기 때문입니다.

모든 분별을
내려놓는 순간 깨우친다

세존께서 니구율尼拘律 나무 아래에 앉아 계실 때, 상인 두 사람이 여쭈었다.

"혹시 수레가 지나가는 것을 보셨습니까?"

세존께서 답하셨다.

"보지 못하였다."

"그렇다면 수레가 지나가는 소리는 들으셨습니까?"

"듣지 못하였다."

"혹시 선정에 들어 계셨습니까?"

“선정에 들어 있지 않았다.”

“주무시고 계셨습니까?”

“자고 있지 않았다.”

상인들이 감탄하며 말하였다.

“참으로 거룩하십니다. 세존이시여! 깨어 있으면서도 보지 않으십니다.”

그리고 나서 흰 모직천 두 필을 세존께 바쳤다.

(백운 선사가 평하길, 이는) “몸과 마음이 흙이나 나무와 같아져서 듣고 보는 것이 마치 눈멀고 귀먹은 것과 같았다.”고 말하는 것과 같다.

『불조직지심체요절』

『금강경』에 보면 “형상으로 나를 보려고 한다거나 소리로써 나를 알려고 하면 이는 삿된 도를 행하는 것이니, 능히 여래를 볼 수 없다.”라는 구절이 있습니다. 부처님께서 나무 아래 앉아 계실 때 모든 경계가 끊겨 진리에 도달하셨기에, 부처님은 보지도 못하고 듣지도 못한 것이죠.

“선정에 들어 있지 않았다.” 라고 말씀하신 것 또한 같은 이치입니다. 반야에서는 선정이 없어요. 선정이라고 이야기 하면 진리차원에서는 분별을 하고 있는 것입니다. “주무시고 계셨습니까?” 라는 질문에 "자고 있지 않았다." 라 하셨죠? 반야에서는 자고 안 자고가 없습니다. 이렇게 부처님이 조금도 동요함이 없이 어느 것에도 집착하지 않으니, 상인들이 감탄하는 것입니다.

한 때, 흑치범지黑氏梵志가 신통력을 부려 양손에 합환合歡 오동꽃나무 두 그루를 들고 와서는 부처님께 공양하려 하였다. 이에 부처님께서 선인仙人을 부르자 범지가 "예." 하고 대답하였다.

부처님께서 말씀하셨다.

"내려놓아라."

범지가 왼손에 들고 있던 꽃나무 한 그루를 내려놓자, 부처님께서 또 선인을 불러 "내려놓으라."고 하셨다.

범지는 오른손에 들고 있던 꽃나무 한 그루도 마저 내려놓았다. 그런데 부처님은 또 말씀 하셨다.

"선인이여, 내려놓아라."

그러자 범지가 여쭈었다.

"세존이시여, 저는 양손에 들고 있던 꽃을 이미 다 내려놓았는데, 다시 또 무엇을 내려놓으라는 말씀이십니까?"

이에 부처님께서 말씀하셨다.

"나는 네가 들고 있던 꽃을 내려놓으라고 한 것이 아니다. 너는 지금 내려놓되, 외부의 여섯 가지 감각의 대상六境(색·소리·냄새·맛·촉감·법)과 내부의 여섯 가지 감각기관六根 (눈·귀·코·혀·몸·의지) 중 여섯 가지 마음 작용[六識] (眼識·耳識·鼻識·舌識·身識·意識)을 일시에 내려놓으라는 말이었다. 더 이상 버릴 것이 없는 경지에 이르러야 비로소 그대는 생사를 해탈할 수 있을 것이다.”

범지는 세존의 말씀을 듣는 순간, 크게 깨닫고 물러났다.

『불조직지심체요절』

여기서 부처님이 범지에게 내려놓으라는 것은 물건이 아닌 ‘분별하는 마음’입니다. 먼저 육근이라 함은 눈, 귀, 코, 혀, 몸, 생각의 여섯 가지 우리의 주관적인 인식능력을 말합니다. 마음의 눈을 통해서 보면 육근 가운데 안근眼根이 되는 것입니다. 마음의 귀를 통해서 보면 이근耳根, 마음의 코를 통해서 보는 것은 비근鼻根입니다. 마음의 혀를 통해서 맛을 보는 것은 설근舌根, 몸이 춥다, 기분이 나쁘다는 등 마음으로 느끼는 것은 신근身根, 마음이 분별하는 것은 의근意根이라 합니다.

육경이라 함은 눈, 귀, 코, 혀, 몸, 생각의 여섯 가지 인식능력으로 느끼게 되는 인식대상, 즉 색, 성, 향, 미, 촉, 법을 말합니다. 육근에 의해 외부로부터 사물을 받아들이는데, 육근의 대상으로서 육경이 있는 것이죠. 마음이 눈을 통해서 색을 보는 것을 색경, 마음이 귀를 통해서 소리를 듣는 것은 성경, 마음이 코를 통해서 냄새를 맡는 것은 향경, 마음의 혀를 통해서 맛을 보는 것은 미경, 마음과 마음이 생각을 통해서 몸을 통해서 아는 것을 촉경, 마음과 마음을 아는 것을 법경이라 합니다.

육식은 육근과 육경 사이에서 도출되는 인식작용을 말합니다. 마음이 눈을 통해서 아는 것은 안식, 마음이 귀를 통해서 아는 것은 이식, 마음이 코를 통해서 아는 것은 비식, 마음이 혀를 통해서 아는 것은 설식, 마음이 몸을 통해서 아는 것은 신식, 마음이 마음을 통해서 아는 것은 의식이라 하지요.

결국은 마음이 여섯 가지 창, 즉 육창六窓을 통해서 들락거리며 분별을 일으키는 것입니다. 육경과 육식, 육근이 작용하는 것이 결국 마음이 들락날락거리며 분별하는 것에 지나지 않는다는 이야기지요. 다시 말해서 실체가 없다는 것입니다. 위에서 부처님께서는 범지에게 '여섯 가지 기관을 통해서 분별하는 것을 내려놓으라.' 하신 것인데 그가 알아듣지 못한 것이지요. 부처님께서는 모든 분별을 놓는 순간에 깨우쳤습니다.

그러나 우리는 무시이래 익혀온 습 때문에 깨우치지 못합니다. 정진의 끈을 놓치지 마시고 새벽에 조금 일찍 일어나셔서 최소한 한 시간

정도 정진하셔야 합니다. 허리를 쫙 펴고, 생각이전의 자리가 우주의 자리이고 부처님 근본 자리라는 것을 의심하지 말고, 거기 마음을 두고 각자 화두를 들거나 염불하십시오.

자비가 관세음보살이니, 관세음보살이 따로 있다 생각지 마시고 본래의 마음자리가 관세음보살이라 생각하시고 관세음, 관세음을 줄여서 관음, 관음, 관음… 하며 염하세요. 원력보살인 지장보살을 염할 때는 지장, 지장, 지장… 을 많이 하세요. 길게 할 때는 번뇌가 자꾸 들어오니 지루하지 않고 하나가 되기 위해서, 삼매의 경지에 들어가기 위해, 집중도를 높이기 위해 그렇게 빨리 하라는 것입니다.

이렇게 정진을 하다가 한번쯤은 무아의 경지에 들어가야 모든 생각의 자리가 끊어지고, 그러고 나면 육바라밀六波羅蜜을 행하는 보살행을 할 수 있습니다. 힘들어도 한발 한발 디뎌 나가면 결국 이루어 낼 수 있습니다. 수행할 때는 어떤 마장魔障이 와도 그 고리를 풀어 나가야만 업력이 풀려 나갑니다. 꼭 새벽에 일어나 참선을 하셔서 업을 계속 맑혀 나가야 합니다. 정진은 생명입니다. 힘들다고 물러나지 마시고 힘들어도 어느 정도 하다 보면 나중에 트이게 됩니다.

아상我相을 넘어뜨려야 법을 본다

법法이란 법은 본래 법이니
법도 없고, 법 아닌 것도 없네.
어찌 한 가지 법 속에
법과 법 아닌 것이 있으랴.

가섭존자의 게송입니다. 우리가 깨닫기 위해서는 먼저 '마음이 부처요, 부처가 곧 마음이다[卽心卽佛].' 이렇게 알고 공부를 시작합니다. 마음이 부처라는 생각을 가지고 수행을 해서 마침내 깨닫게 되면 비로소 '마음도 아니고 부처도 아님[非心非佛]' 을 알게 됩니다.

우리가 아는 법 가운데는 인과법도 있고 연기법도 있고 또 반야바라
밀다라는 법이 있지요. 그러나 반야를 의지해서 깨닫고 나면 역시 반
야바라밀다라는 법이 없어요. 그 원리와 같습니다. 그래서 '법이란 법
은 본래 법'이라고 설명을 했다가, 깨닫고 보니까 '법이 없다'고 한
것입니다. 진여당체에서 볼 때에는 어떠한 표현도 할 수 없습니다. 진
리당체에서 눈을 뜨고 보니까 딱 법이라고 고정되어 있는 것이 없는
거예요. 또한 '법 아닌 것도 없다'는 것입니다.

우주의 본래 당체는 물질이 아니라고 했어요. 모든 물질의 본질이 다
하나의 생명에서 인연을 통해 모양으로 잠시 잠깐 있는 것 같이 보이
지만, 실은 있는 것이 아닙니다. 우리가 지금 마음이 있기 때문에 육신
을 통해 보고 듣고 하지만, 그 마음은 모양이 없지 않습니까. 물질이
아니니까 있는 것도 아니고, 모양이 없다고 해도 아주 없는 것이 아니
잖아요. 그러니 '법 아닌 것도 없다.'라고 하는 것입니다. 결국 진리
의 눈을 뜨고 보니까 '법은 본래 법이니 법도 없고, 법 아닌 것도 없
다.'라고 하는 것입니다. 법이란 고정된 것이 없고, 아주 없다고 해도
역시 아니다는 그런 이야기예요. 이것을 우리는 중도中道라고 합니다.

더 나아가서 진여당체에서는 '법과 법 아닌 것이 없다.'는 것입니
다. 그러니 있다고 해도 맞지 않고 없다고 해도 맞지 않는 것이죠. 앞
서 말씀드린 대로 반야에서 비추어 보면 이것을 다 이해할 수 있어요.

보통 우리가 마음이 부처라는 것을 믿고 수행을 하고 있다가 그 마음이 우주의 주인이라는 것에 눈을 딱 뜨고 보면, 그 마음까지도 없다는 것을 알 수 있습니다. 마음까지도 없다고 하는 도리를 알고 보면, 있다고 해도 맞지 않고 없다고 해도 맞지 않다는 중도에 눈을 뜨게 됩니다. 석가모니부처님께서 새벽 별을 보고 깨달으셨는데, '깨닫고 보니 별도 없더라.' 는 이야기와 똑같은 이야기예요. 가섭존자가 깨우친 진리를 표현한 내용과 과거에 일곱 분의 부처님이 표현한 것이 같아요. 다르지 않습니다. 같은데 표현만 다를 뿐입니다.

가섭존자는 석가모니 부처님께서 열반하시자 반야의 도리에 눈을 뜬 500명의 아라한들을 동원시켜서 후대에 부처님 법을 전해야겠다는 생각을 합니다. 그런데 부처님 생전에 법을 가장 잘 들었던 아난존자가 도를 깨우치지 못한 것이 문제였어요. 그래서 가섭존자가 고민을 합니다. 그 때 아난존자는 부처님 생전에 부처님을 흠모하며 공양을 올리던 분들 앞에서 법을 설하곤 했는데, 많은 대중들이 석가모니 부처님과 똑같이 법을 설하는 아난존자에게서 큰 환희심을 느낍니다. 그러자 아난존자 또한 거기에 심취합니다. 하지만 마음 한 구석에는 항시 마음의 고민이 있었지요.

그러던 어느 날 아난존자가 법을 설하고 잠시 쉬고 있는데, 한 젊은 스님이 자기를 비꼬는 게송을 읊는 거예요. '깨우치지도 못한 자가 원

숭이 흉내를 내고 있다.' 며 아난존자를 원숭이에 비교하는 게송이었
어요. 아난존자는 크게 충격을 받았고 발심을 합니다. 어느 경전에는
아난존자가 7일간 용맹정진을 해서 도를 깨우쳤다고 하고, 어느 경전
은 21일간 용맹정진을 해서 눈을 떴다고도 합니다.

그러자 가섭존자는 아난존자를 초청해서 그동안 부처님께 들었던
모든 경經을 암송하라고 합니다. 어느 때, 어느 곳에서 부처님이 하신
법문을 아난존자가 암송하여 오백 명의 아라한 모두가 생전의 부처님
말씀하고 조금도 다르지 않다고 인정을 하여야 경으로 인정받을 수 있
었습니다.

보譜(석가보)에 "교敎의 바다는 아난의 입으로 흐르게 하고, 선禪의 등
불은 가섭존자의 마음에 붙이셨다"고 하였다.

그러므로 아난이 가섭에게

"세존께서 금란가사를 전해주신 것 외에 따로 어떤 법을 전해 주셨
습니까?"

라고 물었을 때, 가섭이 아난을 부르자 아난이 "예" 하고 대답하였
다. 가섭이 말하였다.

"저 문 앞의 찰간刹竿(깃대)을 넘어뜨려라."

『불조직지심체요절』

아난이 깨우치지 못했기 때문에 가섭존자에게 '가사 외에 무엇을 또 받은 것이 없습니까?' 하고 물은 것이죠. 그만큼 아난존자는 큰 벽이 있었습니다. 화두에 꽉 차서 앞뒤가 꽉 막힌 것을 은산철벽銀山鐵壁이라 하는데, 그것을 뚫어버린 그 순간 우리는 확철대오廓徹大悟할 수 있습니다.

이 공안에 대해 백운 선사는 이렇게 평을 하고 있습니다.

"내가 말한다면 '두 분의 큰 스승이 동시에 세상을 교화하지 않는다. 부르는 곳이 분명하고 대답하는 곳이 진실하고, 그 속에 형상과 소리와 언어를 갖추었으니, 이것이 바로 최초의 선이다.' 라고 하리라."

가섭존자가 아난존자를 부르자 아난존자가 "예." 하고 대답했을 때, 모든 이야기가 이미 끝난 것입니다. 그런데 아난존자가 알아차리지 못했어요. 아난존자가 그것을 못 알아차렸기 때문에, 가섭존자가 그 못 알아 차린 부분의 찰간을 넘어뜨리라고 했던 것입니다. 아직도 남아 있는 아상我相을 넘어뜨리라는 것이죠. 우리가 공부를 못하고 깨치지 못한 것도 상相 때문에 그렇습니다. 상은 곧 업입니다. 우리가 느끼지 못하지만 무시이래로 살아오면서 지어온 업이 한량이 없거든요. 여러분들의 불성을 업이 꽉 가리고 있습니다. 일러줘도 그것을 알아차리지 못한 것은 업 때문에 그렇습니다. 그 업이 걷어지면 그대로 다 통할 수 있습니다.

아난존자의 예에서 알 수 있듯이 법은 스스로 깨닫는 것이지, 누가 대신 깨달아 주는 것이 결코 아닙니다. 경전을 아무리 많이 외운다 하더라도 깨닫고자 하는 의지 없이는 절대로 깨달을 수 없습니다. 불교는 철저하게 수행을 통해서 깨달을 수 있지, 이론만으로는 절대로 깨달을 수 없는 종교입니다. 여러분이 법문을 보고 들을 때는 이해가 가지만 돌아서면 금방 잊어버리는 것은, 스스로 한번도 진리 당체를 확인하는 체험이 없었기 때문이에요. 한 번쯤 그 체험을 꼭 해 보시기 바랍니다.

마음은 항상 담백하고 고요하게

현대의 사회구조는 너무 복잡하고 현상은 너무 화려합니다. 그러기에 수행자들은 산속을 벗어나 대중포교를 하기 위해선 먼저 자기 공부가 확실히 되어 있어야 합니다. 연꽃이 흙탕물에 몸 담고 있지만 본래의 청정한 모습을 잘 지켜내듯이 수행자 또한 자기 수행이 확실히 되어 있어야 연꽃과 같은 자기 청정함을 유지할 수 있습니다.

우리 불자 여러분도 마찬가지입니다. 내가 먼저 바뀌어야 가족들에게도 설명할 수 있어요. 부처님 말씀에 귀 기울이며 자신을 낮추고 아상我相을 버리면 자기 불성이 더욱 더 드러나게 됩니다. 뭔가를 많이 알고 많이 들었다고 해서 남을 멸시하고 무시하면 안 돼요. 벼가 익을 수록 고개를 숙이듯이 공부를 많이 한 사람일 수록 자기를 철저히 낮추고 비울 줄 압니다.

부처님 공부를 하게 되면 나가 본래 없다는 것을 알게 됩니다. 부처님 말씀을 통해서 보면 나라고 생각하는 이 몸뚱이는 인연과 업으로 이루어진 것이고 허망한 것입니다. 사람이 죽어 매장을 하거나 태우게 되면 한 줌의 흙이나 재가 되고 말지요. 이것은 진정한 나가 아닙니다. 진정한 나를 찾는 것이 마음 수행입니다.

마음은 볼 수 없지만 여러분 각자 안에 본래 갖춰져 있습니다. 그 마음을 찾는 것이 수행입니다. 그 마음이 진정한 나고 우주의 주인입니다. 대부분 우리는 참나를 찾기 보다는 마음으로 이루어진 이 몸뚱이에 집착을 하고 자기를 낮추지 못합니다.

"마음은 항상 담백하고 고요하게 가져라. 입은 삼가고 조심하여 아첨하고 속이는 일이 없어야 한다. 시끄럽거나 험악한 곳을 버리고 조용한 곳에 편안히 거처하여 그 육체를 청정하고 조화 있게 하라. 몸가짐을 항상 삼가고 설사 비방하는 소리를 듣더라도 참을지니라."

『보살장정법경』

참선할 때는 묵언정진을 해야 합니다. 같이 정진하다가 공연히 말한 마디 잘못해서 상대에게 상처를 주는 일이 있어선 안 됩니다. 생전에 청화 스님께서는 대중들이 선방에서 정진하는 기간동안 말을 하지 않는 것을 원칙으로 했어요. 서로가 말을 하지 않기 때문에 오직 정진에만 몰두할 수 있는 거예요. 50분 정진하고 10분 쉬는 동안 말을 해서는 정진에 장애가 와요. 정진할 때는 오매일여를 해 봐야겠다고 하는 한 생각을 놓치지 않고 무서운 각오로 정진에만 몰두해야 합니다.

우리가 한번쯤은 자기 자신과의 싸움이 꼭 필요합니다. 지금 우리가 있는 것이 사실인양 집착하고 휘둘려 가다가 세월이 지나 돌아다 보면 아무 것도 아닌 것입니다. 진정으로 정진하는 사람은 어떠한 소리를 듣더라도 흔들리지 않아야 합니다.

"어리석은 사람은 항상 출세와 이익과 명예와 욕심 때문에 괴로워한다. 착한 사람은 가는 곳마다 그 모습이 아름답다. 즐거움을 만나도, 괴로움을 만나도, 허덕이거나 슬퍼하지 않는다." 『법구경』

욕심은 모든 고통의 원인이란 것을 깨달아야 합니다. 그러나 여러분은 하나의 욕심은 꼭 있어야 합니다. 정진의 욕심, 깨달음의 욕심은 반드시 있어야 합니다. 깨달음의 욕심을 많이 가지고 정진의 끈을 놓지 말고 항상 깨어 있어야 합니다. 괴로움을 만나도, 즐거움을 만나도

그 마음의 변화가 없어야 합니다. 진정으로 착한 사람은 어떠한 환경
에 처한다고 해도 흔들림 없이 한결같아야 합니다. 그것이 수행자의
바른 마음가짐일 것입니다.

염불선 수행법 1문 1답

염불선 수행법 1문 1답

▲ 염불과 염불선은 어떤 차이가 있습니까.

염불은 부처님을 생각한다는 뜻이지만, 만약 부처님이 어디에 따로 계신다고 생각한다면 그것은 외도의 수행법입니다. 본래 나의 '생각 이전의 자리'가 부처자리이기 때문에 나의 본래자리가 우주의 진여당체인 것입니다. 때문에 생각이전의 자리를 관하며 아미타불이나 관세음·지장보살과 여타 불·보살의 명호를 염하는 것이 염불선입니다.

▲ 최근 들어 염불선 수행에 대한 관심이 더욱 고조되는 것 같습니다. 염불 수

행법 관련 서적도 꾸준히 출간되어 읽히고 있으며, 온라인상에서도 염불 관련 카페활동이 활발합니다. 염불선 수행법이 불교계에서 지대한 관심을 얻고 있는 이유와 그 배경을 어떻게 봐야 하나요?

수행에 대한 재가 불자들의 높아진 관심에도 불구하고 선禪을 직접 체험하기가 어렵다보니, 많은 분들이 처음 선택한 수행법이 염불을 통해 선을 체험하는 염불선이라 생각됩니다. 염불은 누구나 쉽게 생각하고 이미 익숙해져 있는 수행법이라 생각하는 데다, 선수행에 대한 부담감에서 벗어나기 위해 자연스럽게 염불과 선 수행을 겸한 염불선에 관심을 갖게 됐다고 봅니다.

▲ 기존의 염불 및 간화선 수행에 비해 염불선의 장점이 있다면 어떤 것인지요?

기존의 정토염불로는 자성을 깨닫기 힘든 것이 사실입니다. 또 간화선에서 '무無자' 나 '이뭣고?' 화두를 들어도 의심이 잘 되지 않아 득력得力하는 것이 무척 힘든 것은 마찬가지입니다. 따라서 지속적인 염불정근으로 업을 녹이며 공부의 맛을 느낀 후 '염불하는 이놈이 무엇인가念佛者是誰?' 하는 의심을 챙기면 훨씬 수월하게 득력할 수 있습니다. 염불(주력)하는 그 놈을 의심하면 조사선과 다르지 않은 대신, 기존의 간화선 보다 빨리 화두 의심에 들 수 있는 장점이 있습니다. 화

두에 의심이 잘 들지 않는 참선 수행자들이 염불선을 닦으면 큰 이익
이 있을 것이라 생각합니다.

▲ 정토관淨土觀에 따라 염불과 염불선이 그 성격을 달리하고 있습니다. 달리 말
하면, 정토를 보는 입장이 '서방정토西方淨土'와 '유심정토唯心淨土'로 나뉘면
서 파생된 문제라고 볼 수 있겠습니다. 양자의 모순을 해결할 수 있는 관점
은 무엇인지요?

서방정토 즉 극락세계 또한 실존하는 세계입니다. 극락세계는 수행
근기에 따라 수행처가 다릅니다. 극락세계 또한 성불을 위해 끊임없
이 수행하는 곳이지 특별한 곳은 아니라는 것입니다. '삼계가 오직
마음三界唯心' 이기에, 극락이 서방에 있다고 해도 그것은 마음 안에 있
는 것이라 전혀 모순이 아닙니다. 우리가 본래 부처이며, 이 우주가
본래 부처입니다. 그러므로 유심정토와 서방정토의 근본은 다르지 않
습니다. 우주는 생명, 즉 우리 본래의 마음입니다. 둘이 아닌 하나의
도리에서 그대로 부처 세계입니다.

▲ 염불선에서는 '부처님'을 어떻게 보는가요?

부처님은 삼신불(법신, 보신, 화신)로 나뉘어 집니다. 그러나 삼신불

역시 방편으로 지어진 이름일 뿐 진리당체는 아닙니다. 진리당체는 '진여'라고도 하되 그 이름을 진여라 할 뿐 문자와 언어, 시간과 공간, 어떠한 분별이나 유有와 무無를 떠난 자리입니다. 이 자리는 석가모니 부처님, 아니 과거천불, 미래천불, 현재천불이나 역대 조사스님들도 이르지 못하거늘 그 누가 이 도리를 일러줄 수 있겠습니까.

진여당체는 물질을 떠난 자리이기 때문에 모양으로서 존재하는 것은 아니며, 그렇다고 모양이 없다 하여 아주 없는 것 또한 아니니, 모양이 없기 때문에 유가 아니며 또한 모양이 없다고 하여 아주 없는 것 또한 아니어서 이것을 있다고 해도 진리가 아니며 또한 없다고 해도 진리가 아닌 것입니다. 이 도리를 중도 곧 진여, 법성, 불성, 주인공, 부처님이라 합니다.

▲ 염불선을 선禪으로 볼 수 있는 까닭은 무엇인지요?

간화선의 경우 진여당체를 여의지 않고 화두를 참구할 때 바로 활구活句가 될 수 있습니다. '이뭣고?' 할때 그냥 '이뭣고'가 아니라 '이뭣고' 하는 그 당체를 여의지 않는 화두가 활구입니다. 염불 또한 염불하는 그 당체를 여의지 않고 염불할 때 염불선이 되는 것입니다. 주력이나 간경 또한 마땅히 진여당체를 여의지 않는 정진이 돼야 합니다.

▲ 염불선과 간화선에서 말하는 선禪을 풀이하신다면?

'교시불어敎是佛語요 선시불심禪是佛心이라.' 경은 부처님 말씀이고 선은 부처님 마음이라는 뜻입니다. 교는 마음에서 나왔기에 선과 교는 둘이 아니지만, 선을 통해서 교를 이해할 수 있습니다. 경은 바로 선으로 돌아갈 수 있는 이정표와 같은 것이기에 길을 따라 선으로 돌아가야 합니다.

하지만 선禪은 부처님 마음이기에, 부처 자리로 돌아가는 것이 선입니다. 유·무를 떠난 자리, 나의 본래자리라 해서 즉심시불卽心是佛 즉 '마음이 부처'라 하지만 우리가 보고 듣고 분별하는 마음을 부처라 하지는 않습니다. 생각이전의 자리가 선이며, 부처자리인 것입니다. 그 자리는 우주의 근본 진여당체이며 시간과 공간을 떠난 자리로서 우주를 머금고 있는 자리입니다. 또한 과거천불, 미래천불, 현재천불, 역대 조사스님들과 조금도 다르지 않은 자리이며 산천초목 삼라만상의 본래자리인 것입니다. 이 자리를 조금도 여의지 않는다면 그 자리가 곧 선입니다.

▲ 염불선 수행을 하니 인간관계는 물론 세상사 모든 것이 연기적으로 얽혀있음을 느끼게 됩니다. 염불선 수행에 임하는 자세는 어떠해야 할까요?

연기법을 비롯해 삼법인三法印의 이해가 필수예요. 특히 제법무아諸法無我의 도리를 바로 알아야 해요. 이 가르침은 '내가 없다' 는 말이 아니라, '나' 라고 지칭할 수 있는 존재가 없다는 뜻이에요. 바로 무아의 가르침이 공空, 불성佛性, 진여眞如, 법성法性, 주인공 자리라고 할 수 있어요. 그래서 그것을 한 마디로 '마음' 이라 하는 거죠. 염불선 수행을 하기 위해서는 무아가 곧 우주의 근본 진여당체 자리임을 깨닫고 이 자리와 하나가 되는 것이 중요합니다.

▲ 염불선 수행의 핵심 요체는 무엇입니까?

수행으로 삼매에 들기 위해서는 대단한 발심이 아니면 참으로 힘듭니다. 죽음 직전의 막다른 골목에서 비로소 발심이 가능한데, 간절한 발심이 수행의 핵심입니다. 한 마디로 백척간두百尺竿頭에서 진일보進一步하는 절박한 심정이 아니면 힘찬 정진이 어렵습니다. 하지만, 힘든 고비를 넘기고 정진에 대한 확신과 하면 된다는 자신감이 생기면 염불 정근에 대한 새로운 원력으로 이어질 수 있습니다.

그리고 염불선 수행자는 무엇보다 현생과 극락에서의 수행이 다르지 않다는 점을 바르게 알고 수행을 해야 합니다. 내가 본래 부처임을 조금도 의심하지 말고 지금까지 해오던 정토염불이 아닌, 내 안의 부처님을 마음에 두고 염불을 해야 합니다. '아미타불' 또는 '지장', '관음'을 입을 움직이지 않고 아주 빠른 속도로 염하되 우주의 주인인 '염불하는 그 놈'에 마음을 두고 정진해 나가는 것입니다. 특히 잠이 드는 순간까지도 염불을 놓치지 않는 것이 중요한데, 잠자리에 아주 편안한 자세로 누워서 눈을 지그시 감고 빠른 속도로 속으로 정진하면 스스로 삼매 체험을 할 수 있습니다.

그런데, 생각 이전의 자리를 관하며 아미타불이나 관세음 · 지장보살 기타 불 · 보살님의 명호를 염할 때, 만약 아미타불, 지장보살, 관세음보살 그 외 많은 불 · 보살 명호가 각기 다르다고 생각한다면 이는 염불선이 아닙니다. 우주 현상계는 진여당체에서 다양한 인연에 의해 형상을 나투고, 이름이 붙은 것일 뿐 실은 하나에서 다양한 모습과 이름을 띠고 있는 것이기에 조금도 다르지 않은 하나의 자리입니다.

만약에 불 · 보살님이 각기 다르다 하면 이는 정도가 아니며 분별심을 내고 있는 것으로 선禪이라 할 수 없습니다. 물이 인연에 따라 다양한 이름과 모양을 나툰다 해도 본래는 물이듯이, 이 현상계도 다양한 이름과 형상을 띠고 있지만 본래 진여당체이기 때문에 의심하지 않고 한 분의 불 · 보살님의 명호를 염하면 됩니다. 다만 염불정진을 함에 있어 우리가 평상시에 하듯이 느리게 또는 소리 내서 한다면 염불선을 쉽게 느낄 수 없습니다. 진여당체에 마음을 두고 마음으로 아주 빠르게 끊어지지 않고 쉼 없는 정진을 통해서 선을 이룰 수 있습니다.

▲ 염불삼매를 얻기 위해서는 반드시 오매일여가 돼야 하나요?

오매일여寤寐一如란 진여당체에 마음이 끊어지지 않는 경지를 말합니다. 오매일여는 쉽게 이뤄지는 것이 아니라 끊임없이 정진을 통해서만 가능한 경지입니다. 밥을 먹거나 무엇을 하나 끊임없이 놓치지 않도록 해야만 득력하고 정진력이 생기며 오매일여가 가능하죠. 단, 육신에 끄달리는 평상시 습관을 끊어야 가능합니다. 육신은 무시이래 편안한 것을 찾아왔기 때문에 조금만 힘이 들어도 뒤로 미루는 마음이 일어나는데 이를 철저하게 물리쳐야만 해요. 하루 이틀, 아니 끊임없는 정진으로 오매일여의 경지에 도달해야만 비로소 바른 수행의 길이 보일 겁니다.

오매일여가 처음에는 쉽지 않기 때문에 천정과 사방 벽에 '오매일여' 나 '용맹정진' 과 같은 글자를 붙여두고 마음을 다잡는 것도 한 방법입니다. 이런 용맹심으로 정진하다 보면 삼매를 얻고, 마침내 우주만유와 둘이 아닌 진여자성과 계합하는 체험을 하게 됩니다.

▲ 삼매란 어떤 심적인 상태인지요. 일상삼매와 일행삼매에 들기 위한 방편을
말씀해 주십시오.

삼매는 우주와 하나된 경지를 말합니다. 모든 의문이 끊어진 경지,
다시 말해서 무명無名 무상無相 절일체切一切의 경지를 뜻합니다. 삼매를
통해 유와 무를 떠난 자리, 나의 본래자리, 생각 이전의 자리, 선禪이
자 부처자리를 체험할 수 있습니다. 우주의 근본 진여당체는 시·공
간을 떠난 자리로서 역대 불·조사와 조금도 다르지 않은 자리이며 산
천초목 삼라만상의 본래자리입니다.

이러한 본래면목을 깨닫기 위해서는 일상삼매一相三昧와 일행삼매一行
三昧를 함께 닦아야 합니다.

일상삼매란 천지 우주를 오로지 하나의 부처로 보는 이른바 실상관
實相觀입니다. 모든 존재의 뿌리를, 모든 존재를 하나로, 진공묘유眞空妙
有로, 아미타불의 무량광명無量光明으로 보는 삼매입니다. 그리고 천지
우주를 하나의 덩어리로 보는 그런 견해를 끊어짐 없이, 앞생각 뒷생
각에 잡생각이 안 끼이도록 염불하거나 화두를 들고 염념상속念念相續
으로 이어가는 것이 일행삼매입니다.

염불정진 할 때 평상시에 하듯 느리게 하거나, 소리 내서 한다면 이
러한 삼매를 얻기 힘듭니다. 진여당체에 마음을 두고 마음속으로 아
주 빠르게 끊어지지 않는 쉼 없는 정진을 통해서 삼매를 이룰 수 있습

니다. 가령 관세음보살은 '관음! 관음!' 이라고 (아미타불은 '아미타', 지장보살은 '지장' 등으로) 줄여서 마음속에서 아주 빠른 속도로 염하십시오. 그러다 보면 스스로 번뇌가 끊어짐을 경험하게 되며, 바로 그 순간 '수행이 이런 거로구나' 하고 알게 됩니다. 이렇게 꾸준히 하다보면, 스스로 법미法味를 맛볼 수 있게 돼 수행력을 얻게 되고, 궁극적으로는 염불하는 자성을 깨닫게 됩니다

▲ 진리의 당체는 부처님과 역대 조사들도 문자나 말로써 표현할 수 없는 자리라 하는데, 스님께서는 '진여당체' 를 어떻게 보십니까.

진여당체는 문자와 언어, 시간과 공간, 어떠한 분별이나 유, 무를 떠난 자리입니다. 진여당체는 물질을 떠난 자리이기 때문에 모양으로 존재하는 것은 아니며, 그렇다고 모양이 없다 하여 아주 없는 것 또한 아닙니다. 모양이 없기 때문에 유가 아니며 또한 모양이 없다고 하여 아주 없는 것이 아니어서, 이것을 있다고 해도 진리가 아니며 없다고 해도 진리가 아닙니다. 이 도리를 중도 곧 진여, 법성, 불성, 주인공, 부처라고 방편상 이름 지을 뿐입니다. 진여를 문자와 언어로 표현할 수 없어 중생 근기에 따라 여러 가지 이름을 쓰는 거죠. 즉 진여 당체는 우리들의 본래면목인 것입니다.

우리는 순간순간 몸의 기관을 통해 밖의 경계들과 접촉하죠. 그러면서 분별심을 일으키고 번뇌를 만들어내죠. 여기서 진여당체는 바깥 경계와 접촉이 일으키기 이전의 자리예요. 이것이 우리들의 주인공이고 청정한 불성입니다.

▲ 본래의 진여당체가 드러나면 수행자에게 어떤 변화가 나타납니까?

진여당체가 드러나면 실상을 바로 볼 수 있는 반야가 열리게 됩니다. 경전과 선어록을 보면 바로 이해가 되지요. 그리고 지혜가 열려야 보살행을 바로 할 수 있습니다. 본래 나의 참모습을 보았더라도 곧바로 늘 당체와 하나가 되어 생활할 수 있는 것은 아닙니다. 내 본래자리를 확인한 뒤에는 의심이 끊어진 자리에서 익혀온 습을 녹이는 (부처님께서 500생 동안 보살행을 닦았듯이) 보임保任 공부를 철저하게 해야 합니다.

▲ 깨달음 이외에, 염불선을 통해 얻는 이익은 무엇인지요?

염불은 근본 진여당체에서 나오는 에너지이기 때문에 맑은 파장입니다. 특히 삼매경지에서 나오는 에너지는 무거운 업도 맑힐 수 있는 파장입니다. 그러나 삼매에 들지 않더라도 염불자체가 맑은 파장이기 때문에 계속하면 업이 점점 맑혀져서 결국은 밝아지는 것입니다. 나의 본래 진여당체가 드러나면 실상을 바로 볼 수 있는 지혜가 열리게 됩니다. 만약 염불선을 바르게 한다면 업을 맑히는 속도는 매우 빠르고 결국 우주와 하나가 되는 열반에 들 수 있을 것입니다.

그러기에 염불에 익숙해진 염불행자는 조금도 자기의 본래 진여당체를 의심하지 말고 부단한 정진을 통해서 선禪을 이뤄야 합니다. 일반 재가자 또한 가정에서 염불선을 바르게 한다면 먼저 스스로의 업을 맑히고 가정을 맑히며 세상을 맑히고 우주를 맑히는 일이 될 것이며, 나아가서 우주와 하나가 되는 길이 될 것입니다.

▲ 염불선을 닦다 보면 몸과 의식이 명료해져 한없이 가벼워지거나, 정신은 또렷해져 자신의 장·단점을 잘 알게 된다고 합니다. 인간관계는 물론 세상사 모든 것이 연기적으로 얽혀있음을 깨닫게 된다고도 하는데, 이는 다른 수행법 수행자들도 공통적으로 체험하는 불교 수행법의 특징이라 할 수 있겠습니다. 그럼에도 불구하고 자칫 타력수행으로 흐를 가능성이 있어서 수행에 임하는 주의사항이 필요할 것 같습니다.

우선 연기법을 비롯해 삼법인三法印의 이해가 필수적입니다. 특히 제법무아諸法無我의 도리를 바로 알아야 해요. 이 가르침은 '내가 없다'

는 말이 아니라, '나'라고 지칭할 수 있는 존재가 없다는 뜻이에요. 바로 무아의 가르침이 공空, 불성佛性, 진여眞如, 법성法性, 주인공 자리라고 할 수 있어요. 그래서 그것을 한마디로 '마음'이라 하는 거죠. 염불선 수행을 하기 위해서는 무아가 곧 우주의 근본 진여당체 자리임을 깨닫고 이 자리와 하나가 되는 것이 중요합니다.

특히 염불선 수행시 주의할 점은 상기병上氣病입니다. 가령 누워서 눈을 감고 염불을 빠르게 욀 때, 염불 소리를 잘 받아들이지 못하게 되면 곧장 쉬어야 해요. 그렇지 않으면 열이 나고 어지럼 증세도 생기며, 심지어 구역질까지 하게 됩니다. 자칫 잘못하면 평생 동안 수행을 못하게 될 수도 있습니다. 상기병이 생기면, 먼저 찬물을 마셔 열을 식히고 단전호흡 등을 통해 기를 내려야 합니다.

▲ 염불선이 다른 수행법에 비해 쉽다고는 하지만 역시 뜻하지 않은 장애가 생기기도 합니다. 호흡법이 서툴러 몸에 열이 나거나. 염불하면서 몸이 붕 뜨는 것 같은 착각을 경험한 이야기 등을 종종 들을 수 있습니다.

사실 염불선 수행은 보통의 염불정근과는 달리 쉽지가 않습니다. 똑같이 염불은 하되, 진여당체에 마음을 두고 정진해야 하기 때문이죠. 그런데 대부분의 초심자들은 조급한 마음으로 한두 번 하다가 포기하는 경우가 많아요. 특히 아미타불, 관세음보살, 지장보살 등의 명호를 그대로 길게 외면 틈이 생기게 됩니다. 깊은 삼매체험을 못하게 되는 거죠. 가령 금방 코 뚫은 소를 곧장 농사일에 쓸 수 없는 경우와 같습니다. 처음엔 소가 이리 저리 날뜁니다. 하지만 어느 정도 시간이 지나면 스스로 알아서 주인의 말에 따라 움직입니다. 우리의 마음도 바깥 경계에 끄달려 분별하는 마음을 써왔습니다. 그 마음으로 염불선 수행을 한다고 해서, 바로 염불선 수행의 경지에 곧장 들어가는 것이 아니죠. 어떠한 좋거나 나쁜 경계가 나타나더라도 거기에 매이거나 집착하지 말고 '내가 본래부처'임을 의심하지 말고, 계속 정진하는 것이 중요합니다.

▲ 재가 불자들이 일상 속에서 할 수 있는 구체적인 행법을 설명해 주십시오.

염불정진 할 때 평상시에 하듯 느리게 하거나, 소리 내서 한다면 삼매를 얻기 힘듭니다. 진여당체에 마음을 두고 마음속으로 아주 빠르게 끊어지지 않는 쉼 없는 정진을 통해서 선을 이룰 수 있기 때문입니다.

현대인들은 따로 시간을 내어 수행하기 힘들기 때문에 잠들기 전에 공부하는 방법을 예로 말씀드리겠습니다. 잠들기 전에는 아주 편안 자세에서 눈을 지그시 감으십시오. 생각 이전의 자리가 본래 주인공 자리임을 알고, 내 마음에 본래 갖추고 있는 불·보살의 명호를 처음에는 10분씩 빠른 속도로 외우십시오. 다만 수월한 방법으로 알려드리면, 우선 명호를 줄이십시오. 가령 관세음보살은 '관음! 관음!' 이라고 소리 내지 말고, 마음속 아주 빠른 속도로 부르십시오. 그러면 번뇌가 끼어들 틈이 없게 됩니다. 그러다 보면 스스로 번뇌가 끊어짐을 경험하게 됩니다. 바로 그 순간에 '수행이 이런 거로구나' 하고 알게 되죠. 이렇게 꾸준히 하다 보면, 스스로 법미法味를 맛볼 수 있게 돼 수행의 큰 힘을 얻게 됩니다.

역대 고승들의 염불선 법문

4조 도신 대사
염불하는 마음이 부처다

염불이란 바로 자기 마음을 생각하는 것이며, 마음을 구하는 것은 바로 부처를 구하는 것이다. 어째서 그런고 하면 식識이란 형체가 없고 부처란 무슨 모양이나 상이 있는 것이 아니다. 이와 같은 도리를 안다면 바로 안심安心이라.

항시 부처를 깊이 사무치게 생각하고 반연攀緣이 일어나지 않으면 모든 상相이 소멸되어 상이 없고 평등하여 둘이 아니다. 이런 자리에 들어간다면 부처님을 생각하고 마음으로 모든 상을 다 버리게 되는데, 새삼스럽게 애쓰고 구할 필요가 없다. 이와 같이 본다면 이것이 바로

172

부처님의 진실한 법성신法性身이요, 또한 정법이고, 불성, 제법실상諸法實相, 실제實際, 보리, 금강삼매金剛三昧, 본각本覺, 열반계涅槃界, 또는 반야라고 한다. 이름은 비록 헤아릴 수 없이 많으나 모두가 다 하나의 몸이니라.

나의 이 법요를 말하자면, 『능가경』을 의지하고 제불심諸佛心을 으뜸으로 한다. 또한 『문수설반야경』의 일행삼매, 즉 염불심시불念佛心是佛(염불심이 부처요), 망념시범부妄念是凡夫(망념이 범부다)에 의거하고 있다.

그 반야바라밀에서 말씀하신 것 같이 배운 연후에야 능히 일행삼매에 들 수가 있다. 그래야 후퇴도 물러남도 없고 또는 파괴함도 없고 거리낌도 없고 또는 상이 없다. 선남자, 선여인들이 일행삼매를 정작 공부하려고 할 때는 잡요한 시끄러운 인연이 없는 한가한 곳에서 모든 산란스러운 생각을 다 버리고 상을 취하지 않고 마음을 부처의 경계에 매어 두어야 한다.

부처님이 계신 방소方所에 따라서 단정히 바로 향해서 앉고 한 부처님에 대해서 생각생각에 생각이 끊어지지 않을 때에는 즉시 그 생각 가운데 능히 과거나 현재나 미래의 제불을 다 본다. 한 부처의 무량무변한 공덕을 생각하면 바로 무량한 부처님 공덕을 다 감견感見하여 제불공덕과 둘이 아닌 부사의한 공덕을 성취한다.

『입도안심요방편법문入道安心要方便法門』

선종의 4조인 도신 선사는 우선 참회하고 단좌端坐하여 움직이지 않으며, 제법의 실상을 생각하고 장애·망상을 제거한 후에 염불을 진행하고, 더 나아가 집착하는 마음을 없애서 생각 생각이 끊어지지 않으면 최후에 홀연히 맑고 밝은 해탈을 얻는다고 하였습니다.

이러한 염불은 서방정토에 왕생하기 위해 아미타불을 염하는 것이 아니라, 자심自心의 부처를 염하는 것입니다. 이것은 부처가 자심 중에 있으므로 중생의 자심을 떠나서는 다른 부처가 없는 까닭입니다. 도신 선사는 마음의 본성은 청정하고 오염汚染이 없으며 부처와 같다는 법문을 설하며, 염불을 '안심安心'이라 칭하였던 것입니다.

6조 혜능 대사
아미타불은 생사해탈의 일구^{一句}

어느 날 한 사람이 육조 대사에게 묻기를,

"염불에 무슨 이익이 있습니까?"

하니, 육조 대사께서 답하셨다.

"일구^{一句} 나무 아미타불을 염불하는 것이 만세^{萬歲}의 괴로움을 뛰어나는 묘도^{妙道}요, 부처를 이루고 조사가 되는 정인^{正因}이요, 삼계^{三界} 인천^{人天}의 안목^{眼目}이요, 마음을 밝히고 성^性을 보는 '지혜의 등불^{慧燈}'이요, 지옥을 깨뜨리는 맹장^{猛將}이요, 많은 올바르지 못한 것을 베는 보검이요, 오천대장^{五千大藏}의 골수요, 팔만총지^{八萬總持}의 중요한 길이요,

어둠을 여의는 밝은 등이요, 생사를 벗어나는 올바른 방법이요, 고해를 건너는 타고 가는 배요, 삼계를 뛰어나는 지름길이요, 최존最尊 최상最上의 묘문妙門이며 무량무변無量無邊의 공덕이니라.

이 일구一句를 기억하여 염념念念이 항상 나타나고 시시로 마음에 떠나지 아니하며, 일이 없어도 이와같이 염불하고 일이 있어도 이와 같이 염불하며, 안락할 때도 이와 같이 염불하고 병고病苦가 있을 때도 이와 같이 염불하며, 살았을 때에도 이렇게 염불하고 죽어서도 이렇게 염불하여 이와 같이 일념一念이 분명하면 또 무엇을 다시 남에게 물어서 갈길을 찾으랴.

이른 바 일구미타무별념 불로탄지도서방一句彌陀無別念 不勞彈指到西方 (아미타불 염하는 일구에 망상이 없으면 굳이 서방(정토)을 손가락으로 가리킬 필요가 없느니라)이니라."

『선정쌍수집요禪淨雙修集要』

무상 선사
인성염불로 무념에 들라

    김화상(무상 선사)은 매년 12월과 정월에 사부대중 백천 만 인을 위하여 수계하였다. 엄숙하게 도량을 시설하여 스스로 단상에 올라가서 설법하며, 먼저 인성염불을 하며 일성一聲의 숨을 다 내뱉게 하고, 염불 소리가 없어졌을 때 다음과 같이 설한다. '무억無憶(과거를 기억하지 말라), 무념無念(현재의 시비분별을 떠나라), 막망莫忘(미래에 대해 망상하지 말라)하라. 무억은 계戒요, 무념은 정定이며, 막망은 혜慧이니라.' 이러한 삼구는 바로 총지문이다.

『역대법보기 歷代法寶記』

신라 왕자 출신으로서, 중국 선종의 조사이자 염불선의 개창자로 알려진 무상 선사는 '인성염불引聲念佛'을 주창하였습니다. 인성염불이란 것이 과연 어떤 염불법인가를 살펴볼 수 있는 단서는 '일성一聲의 숨을 다 내뱉게 하고, 염불 소리가 없어졌을 때'라는 대목입니다. 계속해서 염불 소리를 내다보면 자연스럽게 숨이 다 내뱉어지게 되는데, 여기서의 행법은 부처님을 염한다거나, 그 글자가 지니는 뜻에 집중하는 염불이 아닙니다. 인성염불이 목표로 하는 최종 도달처가 '무억, 무념, 막망'이란 점에서 한 생각 일어나기 이전의 자리로 돌아가는 선禪의 한 방편임을 알 수 있습니다.

종밀 스님은 『원각경대소초』에서 무상 선사의 인성염불을 '남산염불문선종南山念佛門禪宗'의 범주에 포함시켰습니다. 내용적으로 염불선임을 명백히 한 것입니다. 현대 일본의 세키구치마사히로關口眞大는 그의 대표작 『선종사상사』에서 무상 선사의 인성염불을 '염불과 선을 일체로 되게 하는 염불선'이라고 주장했습니다. 이후로 무상 선사는 선학계에서 염불선의 비조鼻祖로 일컬어지게 된 것입니다.

영명연수 선사
염불선은 '뿔 달린 호랑이' 격

유선유정토^{有禪有淨土}　유여대각호^{猶如戴角虎}

현세위인사^{現世爲人師}　장래작불조^{將來作佛祖}

참선수행도 있고 염불공덕도 있으면

마치 뿔 달린 호랑이 같아,

현세에 뭇 사람들의 스승이 되고

장래에 부처나 조사가 될 것이다.

무선유정토^{無禪有淨土}　만수만인거^{萬修萬人去}

단득견미타^{但得見彌陀}　하수불개오^{何愁不開悟}

참선 수행은 없더라도 염불 공덕이 있으면

만 사람이 닦아 만 사람 모두 가나니,

단지 아미타불을 가서 뵙기만 한다면

어찌 깨닫지 못할까 근심걱정 하리요?

유선무정토^{有禪無淨土}　십인구차로^{十人九蹉路}

음경약현전^{陰境若現前}　별이수타거^{瞥爾隨他去}

참선 수행만 있고 염불공덕이 없으면

열 사람 중 아홉은 길에서 자빠지나니,

저승^{中陰}경지가 눈 앞에 나타나면

눈 깜짝할 사이 그만 휩쓸려 가버리리.

무선무정토^{無禪無淨土}　철상병동주^{鐵牀併銅柱}

만겁여천생^{萬劫與千生}　몰개인의호^{沒個人依怙}

참선 수행도 없고 염불 공덕마저 없으면

(지옥의) 쇠 침대 위에서 (불) 구리 기둥 껴안는 격이니,

억만 겁이 지나고 천만 생을 거치도록

믿고 의지할 사람 몸 하나 얻지 못하리.

「영명연수 ^{永明延壽} 대사의 「사료간^{四料簡}」

자력自力과 타력他力 수행의 관계를 밝히고 참선과 염불의 난이도를 비교한 것 중에 가장 뚜렷하고 가장 알기 쉽게 이야기한 설법은 영명연수永明延壽 대사의 사료간四料簡(네 수의 게송)이 으뜸입니다.

이 사료간에 비추어 본다면, 참선과 교리에 밝지 못한 보통 사람들은 염불하는 것이 당연하지만, 참선과 교리에 통달한 사람들도 더욱 열심히 염불해야 함을 알 수 있습니다. 제아무리 통달했더라도 아직 증득하지 못했으면 결국 염불을 해야 생사윤회를 해탈할 수 있는 것입니다.

아미타불의 화신化身으로 알려진 연수 대사는 『만선동귀집』에서도 유심정토唯心淨土를 다음과 같이 설하고 있습니다.

"유심불토唯心佛土는 마음을 깨달아야 비로소 날 수 있는 곳이다. 삼세의 모든 부처님이 따로 있는 바가 없고 오직 자심自心에 의지한다. 이 마음을 알면 바야흐로 유심정토에 나지만, 경계에 집착하면 반연을 따라 경계 가운데 떨어지게 된다."

보조 국사
밝게 깨달아
온갖 생각이 끊어져야 참 염불

요즘 사람들은 그 마음이 흐리고 어두워서 욕망에 물든 삶의 버릇이 짙고 두텁기만 합니다. 그래서 오래도록 어둠에 막히고 길이 애욕에 빠져 온갖 괴로움에서 벗어나지 못하고 있습니다. 만약 저들이 벗과 같은 스승이나 스승과 같은 벗의 깨우쳐 줌을 따르지 않는다면 끝내 괴로움을 벗어나는 참 행복을 얻기란 참으로 어렵고 어려운 일입니다.

나는 여러분들이 지난 날 저지른 잘못들을 잘 일깨워 주는 좋은 벗이 되고 싶습니다. 그래서 여러분이 다섯 가지 잘못된 마음의 흐름을 편히 쉬고 행복한 삶을 가로막고 있는 다섯 가지 장애들을 밝게 안 뒤 다섯 가지 어둡고 흐린 삶을 훌쩍 뛰어넘어, 극락정토에 있는 아홉 층의 연꽃 좌대座臺 위로 둥근 보름달처럼 밝게 떠오르게 하고 싶습니다.

여러분들은 부디 뜻을 모아 내 말에 귀를 기울여 주십시오.

다섯 갈래 잘못된 마음의 흐름을 편히 쉬게 하는 길인 오정심五停心이란 무엇입니까?

첫째는 탐심이 많은 중생들로 하여금 사랑하는 나의 몸이 깨끗하지 않음을 보게 함이요, 두 번째는 화 잘 내는 중생들로 하여금 들이쉬고 내쉬는 숨길을 보게 함이요, 세 번째는 마음이 어지러운 중생들로 하여금 들이쉬고 내쉬는 숨길을 보게 함이요, 네 번째는 어리석은 중생들로 하여금 끝없는 인연의 바다를 보게 함이요, 다섯 번째는 살아가는데 장애가 많은 중생들로 하여금 부처님의 이름과 모습이 끊임없이 피어나고 있음을 밝게 보게 함이 그것들입니다.

그러나 이 다섯 가지 잘못된 마음의 흐름이 멈춘다 해도 세상의 인연을 여의지 못하는 이는 다시 다섯 가지 장애에 걸리고 맙니다. 다섯 가지 장애란 무엇입니까?

첫째는 애욕이 끊임없이 흐르는 번뇌의 장애인 번뇌장煩惱障이요,

두 번째는 진리라는 것에 덥석 집착하는 앎의 장애인 소지장所知障이요,

세 번째는 몸뚱이를 아끼고 사랑해서 갖가지 업을 지어 만든 과보의 장애인 보장報障이요,

네 번째는 아무 생각 없이 고요함만을 지키는 이치의 장애인 이장理障요,

다섯 번째는 이런 저런 사물들을 헤아려 따지는 사물의 장애인 사장事障이 그것들입니다.

그리고 이 다섯 가지 장애들을 밝게 깨닫지 못하면 다섯 가지 어둡고 흐린 삶에 걸려들어 헤어나지 못하게 됩니다. 다섯 가지 어둡고 흐린 삶인 오탁五濁이란 무엇입니까?

첫 번째는 한 생각이 일어나자마자 공과 색의 참 모습을 알지 못하게 되는, 시간의 어두움인 겁탁劫濁을 어지럽히는, 생각의 어두움인 견탁見濁입니다. 세 번째는 어지럽게 그릇된 생각을 일으켜, 앎을 내서 바깥 세계를 지어내는, 번뇌의 어두움인 번뇌탁煩惱濁입니다. 네 번째는 일어나고 사라짐이 쉬지 않고 생각 생각에 흐르는, 중생의 어두움인 중생탁衆生濁입니다. 다섯 번째는 저마다 의식의 시킴을 받으면서도 그 근원을 돌아보지 않는, 목숨의 어두움인 명탁命濁입니다.

이 다섯 가지 잘못된 마음의 흐름을 쉬지 않으면 어떻게 다섯 가지 장애를 밝게 알겠습니까. 또 다섯 가지 장애를 밝게 알지 못한다면 다섯 가지 어둡고 흐린 삶을 어찌 맑게 할 수 있겠습니까? 다섯 가지 잘못된 마음의 흐름을 쉬지 않는 이는 장애도 많고 어둡고 흐림 또한 클 것입니다.

그러므로 이런 이들은 반드시 열 가지 염불삼매의 힘으로 점차 청정한 계율의 문에 들어가야 티 없이 깨끗한 삶을 생각 생각마다 이루게 됩니다. 이렇게 된 뒤에야 잘못된 마음의 흐름을 편히 쉬어서 저 다섯 가지 장애와 다섯 가지 어둡고 흐린 삶을 훌쩍 뛰어넘어 곧바로 극락세계에 이를 수 있습니다. 그리고는 세 가지 새어나감이 없는 배움인 삼무루학三無漏學을 맑게 닦아서 저 아미타부처님의 위없는 큰 깨달음을 함께 증득할 수 있는 것입니다.

이와 같은 아미타불의 큰 깨달음을 증득하려면 마땅히 열 가지 염불을 수행修行해야 합니다. 열 가지 염불이란 어떤 것입니까.

몸가짐의 염불인 계신염불戒身念佛,

말가짐의 염불인 계구염불戒口念佛,

마음가짐의 염불인 계의염불戒意念佛,

움직이면서 하는 동억염불動憶念佛,

움직이지 않고 하는 정억염불靜憶念佛,

말하면서 하는 어지염불語持念佛,

말하지 않고 하는 묵지염불默持念佛,

부처님 모습을 그리면서 하는 관상염불觀想念佛,

무심하게 하는 무심염불無心念佛,

부처님이 부처님을 염念하는 진여염불眞如念佛이 그것들입니다.

이 열 가지 염불은 모두 한결같은 참 깨달음의 자리에서 피어나 부처님과 하나를 이루게 하는, 더할 수 없이 지극한 수행법입니다.

그러므로 염불에서 말하는 염念이란 바로 지킴[守]을 뜻합니다. 참 성품을 늘 드러나게 하고 끝없이 기르려면 그것을 지키어 잃어버리지 않아야 합니다.

그리고 염불에서 말하는 불佛이란 깨달음이라는 뜻입니다. 깨달음이란 참 마음을 밝게 비춰서, 늘 깨어 있어 어둡지 않음을 말합니다.

그러므로 한결같은 무념無念으로 밝고 뚜렷하게 깨닫고 이렇듯 밝고 뚜렷하게 깨달으면 온갖 생각이 끊어지니 이것을 일러 참 염불念佛이라 합니다.

열 가지 염불이란 어떤 것들입니까?

첫 번째는 몸가짐의 염불인 계신염불戒身念佛입니다. 죽이고, 훔치고, 삿된 음행하는 짓들을 말끔히 없애어 몸을 청정하게 해서 계율의 거울이 밝고 뚜렷해지게 합니다. 그런 뒤 몸을 단정히 하고 바르게 앉아서 합장하고 서쪽을 향해 마음 다해 공경히 '나무 아미타불'을 염念하되, 그 수가 끝이 없도록 합니다. 그리하여 생각 생각에 끊어짐이 없어 마침내 앉아 있음마저 없어져서, 앉아 있지 않을 때도 염하는 일이 한결같이 밝고 분명합니다. 이를 계신염불이라고 합니다.

두 번째는 입을 경계하는 염불인 계구염불戒口念佛입니다. 실없는 말, 속이는 말, 두 말, 험한 말들을 말끔히 없애고 입을 굳게 지켜 마음을 거둡니다. 몸을 청정하게 입을 깨끗이 한 뒤에 마음을 다해 공경히 '나무 아미타불'을 염하되 그 수가 끝이 없도록 합니다. 그리하여 생각 생각에 끊어짐이 없어 마침내 입마저 없어져 입으로 부르지 않을 때에도 스스로 염하는 일이 밝고 분명합니다. 이를 계구염불이라 합니다.

세 번째, 뜻을 경계하면서 하는 계의염불戒意念佛입니다. 사람이 욕심부리고, 화내고, 어리석은 마음을 말끔히 없애고 뜻을 거두고 마음을 맑게 하는 것입니다. 마음 거울에 번뇌의 때가 사라진 뒤에 마음을 다해 깊게 '나무 아미타불'을 염하되 그 수가 끝이 없도록 합니다. 그리하여 생각 생각에 끊어짐이 없어 마침내 마음마저 없어져 마음을 내지 않을 때에도 스스로 염하는 일이 밝고 분명합니다. 이를 계의염불이라 합니다.

네 번째는 행동하고 기억하면서 하는 동억염불動憶念佛입니다. 열 가지 모질고 나쁜 짓거리를 말끔히 없애고 열 가지 계를 올바로 지닙니다. 움직이고 오고 감에 한 틈에도 염불하고 찰라에 염불하여 마음 다해 늘 '나무 아미타불'을 염하되 그 수가 끝이 없도록 합니다. 그리하여 생각 생각에 끊어짐이 없어 마침내 움직임이 다해서, 움직임이 없을 때에도 스스로 염하는 일이 밝고 분명합니다. 이를 동억염불이라 합니다.

다섯 번째는 행위를 정지한 가운데 기억하는 정억염불靜憶念佛입니다. 저 열 가지 계율이 이미 깨끗해져서, 고요할 때나 일없을 때나 깊은 밤 홀로 있을 때나 염불하는 마음이 한결같아 마음을 다해 '나무 아미타불'을 염하는 일이 밝고 분명합니다. 이를 정억염불이라 합니다.

여섯 번째는 말을 유지하면서 하는 어지염불語持念佛입니다. 사람을 맞이해 말을 나누고, 아이를 부르며, 함께 일하고, 일을 시킴에 밖으로는 그런 일들을 따르되 안으로는 염불하는 마음이 흔들림이 없습니다. 한마음으로 '나무 아미타불'을 고요히 염하되 그 수가 끝이 없도록 합니다. 그리하여 생각 생각에 끊어짐이 없어 마침내 말이 없어져서 말을 하지 않을 때도 스스로 염하는 일이 밝고 분명합니다. 이를 어지염불이라 합니다.

일곱 번째는 말이 없이 유지하면서 하는 묵지염불默持念佛입니다. 입으로 부르면서 하는 염이 다하고 다해 생각의 때가 없이 염하되 그 수가 끝이 없도록 합니다. 그리하여 생각 생각에 끊어짐이 없어 끝에 말 없음마저 없어져 염하지 않을 때에도 스스로 염하는 일이 밝고 분명합니다. 이를 묵지염불이라 합니다.

여덟 번째는 부처님의 거룩한 덕(32상, 18불공법)을 생각하면서 하는 관상염불觀想念佛입니다. 저 부처님의 몸이 법계에 가득하며 묘한 광명 눈부신 금빛이 모든 중생들 앞에 두루 나타남을 관합니다. 또 부처님의 맑고 밝은 자비의 광명이 나의 몸과 마음을 비추고 계심을 깨닫습니다. 눈을 감아도 눈을 떠도 보이는 것 들리는 것들이 모두 부처님의 빛임을 밝게 깨달아서, 뜻을 다하고 정성을 다해 한결같은 마음으로 '나무 아미타불'을 끝까지 염하되 그 수가 끝이 없도록 합니다. 그리하여 생각 생각에 끊어짐이 없어 하루 내내 다니고 머물고 앉고 누움에 늘 삼가고 늘 깨어서 찰나도 어둡지가 않습니다. 이를 관상염불이라 합니다.

아홉 번째는 무심히 하는 무심염불無心念佛입니다. 염불하는 마음이 오래 되어 공을 이루면 차차로 무심삼매無心三昧를 얻게 됩니다. 생각의 때가 없는 진실한 염이 애쓰지 않아도 저절로 뚜렷해집니다. 받음이 없이 받아들이고 함이 없이 다 이룹니다. 이를 무심염불이라 합니다.

열 번째는 부처님이 부처님을 염하는 진여염불眞如念佛입니다. 염불하는 마음이 이미 끝머리에 이르러 깨달음이 없이 깨닫습니다. 스스로 심心, 의意, 식識이 본래 텅 빈 것임을 알아서, 한 가지 밝은 성품이 움직이지 않습니다. 모자람 없는 깨달음의 큰 지혜가 밝고 뚜렷하게 드러납니다. 이를 진여염불이라 합니다.

염불하는 이치가 이와 같으니, 만약 먼저 열 가지 악惡과 저 여덟 가지 행복한 삶의 길인 팔정도八正道에 맞서는 여덟 가지 그릇됨을 끊어 버리지 않는다면 어떻게 저 열 가지 계율의 맑고 깨끗함을 따를 수 있겠습니까? 또 몸이 맑고 깨끗하고 계율의 거울이 환히 밝지 않으면 어떻게 저 열 가지 염불법과 한 몸이 되겠습니까?

그러니 몸을 맑고 깨끗하게 한 뒤에야 진리의 온갖 보배들을 쌓고 모을 수 있으며, 계율의 거울을 환히 밝게 한 뒤에야 부처님께서 자비의 빛을 드리워 주실 것입니다.

부처님께서는 이렇게 말씀하셨습니다.

"가장 뛰어난 맛을 지닌 제호醍醐(우유에 갈분葛粉을 타서 쑨 귀한 죽)를 얻더라도 보배 그릇이 아니면 그것을 담아 두기 어렵다."

그러니 염불하는 수행자가 몸이 청정하고 계율의 거울이 밝고 뚜렷하면 어떻게 진리의 오묘한 맛을 부처님만이 담아 지닐 수 있다고 하겠습니까?

요즈음 욕심이 많은 옳지 못한 무리들이 열 가지 악惡과 여덟 가지 그릇됨을 끊지 않고, 또 다섯 가지 계율과 열 가지 선행을 닦지 않고도 그릇된 앎과 혼자만의 생각으로 헛되이 염불수행법을 찾아 그릇된 바람들을 드러내 놓고 극락세계에 태어나고자 합니다. 이것은 모난 나무로 둥근 구멍을 막으려는 것과 같습니다.

이런 사람들은 스스로는 염불수행을 한다고 생각할지 몰라도 부처님의 뜻이야 어찌 그런 삿된 생각과 함께 하시겠습니까. 쉼 없이 파계破戒하는 몸으로 순간순간 부처님을 비방하면서도 되려 실없이 참되고 깨끗한 세계를 구하는 죄는 참으로 풀어 줄 수 없고 무겁기 그지없는 죄인 것입니다. 죽어 지옥에 떨어져 스스로 몸과 마음을 해치는 것이 이 누구의 허물이겠습니까?

여러분은 계율로 벗을 삼고 이제까지 밝힌 이치를 거울삼아 비춰 보고, 먼저 열 가지 악惡과 여덟 가지 그릇됨을 끊고 이어서 다섯 가지 계율과 열 가지 착함을 굳게 지녀서 앞서 저지른 잘못들을 참회하고 깨달음의 열매 얻기를 굳게 다짐해야 합니다.

그리고 그런 다짐과 더불어 힘쓰고 애쓰며, 나고 죽음을 벗어나겠다는 뜻을 굳게 다져야 합니다. 해마다 선악의 업이 드러난다니 정월, 오월, 구월에 하는 수행을 닦듯이 염불수행을 놓지 않아야 합니다. 또 날씨가 엇바뀌는 여덟 절기마다 염불수행을 새롭고 새롭게 힘써 닦아야 합니다. 그리고 달마다 여섯 재일齋日의 가르침을 본받아 저 열 가지 염불로 참 살림살이를 삼아야 합니다.

오래 공들이고, 있는 힘을 다 모아 저 진여염불眞如念佛과 하나를 이루면 날마다 시간마다 가고 오고 앉고 누움에 아미타불의 참 모습이 그윽이 앞에 나타나셔서 그대 머리 위에 향기로운 손을 얹으시고 길이길이 피어나는 큰 기쁨을 주실 것입니다.

또 목숨을 마칠 때에 이르러서는 아미타부처님께서 몸소 극락세계의 아홉 층 연꽃 좌대座臺로 맞아들이시어 반드시 가장 뛰어난 저 아홉 번째 연꽃 좌대座臺에서 여러분을 맞으시고 길이길이 그 곳에 머물게 하실 것이니, 아, 부디 애쓰고 또 애쓰십시오.

『염불요문念佛要門』

몽산 화상
염불하는 자는 어디로 돌아가는가?

　나무아미타불을 염念하는 24시 행주좌와 가운데에서 혀를 움직이지 말고 또한 마음을 어둡게 하지 말라. 이 때 '염불하는 이는 누구인가?'를 때때로 점검하여 스스로 반조返照(자심에 돌이켜 비추어봄)하여 보라. 이 몸은 헛되고 임시로 빌린 것이라 오래지 않아 죽고 결국은 흩어지고 만다. 이 때 '염불하는 자는 어디로 돌아가는가?' 이와 같이 공력을 사용하여 날이 가고 달이 깊어지면, 자연히 색신色身을 여의기 전에 서방에 이르러 아미타불을 친견할 것이다.

『몽산화상 법어록蒙山和尙法語錄』

‘염불 화두선’은 원나라 때 휴휴암에 은거하였던 몽산덕이蒙山德異, (1231~1308) 선사가 구체적으로 제시한 바 있습니다. 몽산 선사는 위와 같은 구체적인 ‘염불 화두법’을 제시하여, 고려의 태고보우太古普愚, (1301~1382) 선사에게 영향을 끼쳤습니다.

태고 선사
마음이 끊어져야
자성미타가 나타난다

아미타불의 이름을 마음속에 두어 언제나 잊지 않고, 생각 생각에 틈이 없도록 간절히 참구하고 간절히 참구하라. 그리하여 생각과 뜻이 다하거든 '염念하는 이놈이 누구인가?' 하고 관찰하라. 이렇게 자세히 참구하고 또 참구하여, 이 마음이 홀연히 끊어지면, 자성미타自性彌陀가 앞에 우뚝 나타날 것이니 힘쓰고 힘쓰라.

마음이 청정한 것은 이 불토佛土가 청정한 것이요, 내 본성이 나타나는 것을 불신佛身이 나타난다고 하는 것이다. 이것이 바른 해석이다.

아미타불의 청정미묘한 법신이 두루 일체중생의 마음자리에 본래 갖추어 있기 때문에 '심불급중생心佛及衆生이 시삼무차별是三無差別이라'. 마음이나 부처나 중생이나 세 가지가 차별이 본래 없는 것이다. 따라서 마음이 곧 부처요, 부처가 바로 마음이라. 마음 밖에 부처가 없고, 부처 밖에 마음이 없도다. 이와 같이 진실한 염불을 할 때는 밤낮으로 행주좌와에 아미타불의 명호를 마음이나 눈 앞에 붙여 두어라.

『태고어록』

나옹 화상
아미타불 생각생각 잊지 말지니

깊고 고요해 말이 없으매 뜻이 더욱 깊었나니
묘한 그 이치를 누가 감히 헤아릴 수 있겠는가
앉고 눕고 가고 옴에 다른 일 없고
마음 가운데 생각 지니는 것 가장 당당하여라.

자성自性인 아미타불 어느 곳에 있는가
언제나 생각생각 부디 잊지 말지니
갑자기 하루 아침에 생각조차 잊으면

물건마다 일마다 감출 것이 없어라.

아미타불 생각할 때 부디 사이 떼지 말고
하루 종일 언제나 자세히 보라
하루 아침에 갑자기 저절로 생각이 붙으면
동쪽 서쪽이 털끝만큼도 간격 없으리.

사람들 잘못 걸어 고향에 돌아가지 않기에
이 산승은 간절히 또 격려하나니
문득 생각의 실마리마저 뜨거운 곳에 두면
하늘 땅을 뒤엎고 꽃 향기 맡으리.

생각 생각 잊지 말고 스스로 지녀 생각하되
부디 늙은 아미타불을 보려고 하지 말라
하루 아침에 문득 정精의 티끌 떨어지면
세워 쓰거나 가로 들거나 항상 떠나지 않으리라.

아미타불 어느 곳에 있는가
마음에 붙들어 두고 부디 잊지 말지니

생각이 다하여 생각 없는 곳에 이르면
여섯 문에서는 언제나 자금광紫金光을 뿜으리라.

몇 겁이나 괴로이 6도六途를 돌았던가
금생에 인간으로 난 것 가장 희귀하여라
권하노니 그대들 어서 빨리 아미타불 생각하고
부디 한가히 놀면서 좋은 기회 놓치지 말라.

6도에 윤회하기 언제나 그칠 것인가
떨어질 곳 생각하면 실로 근심스러워라
오직 염불에 기대어 부지런히 정진하여
세상 번뇌 떨어버리고 그곳에 돌아가자.

『나옹록』

서산 대사
염불은 윤회를 벗어나는 지름길

육조혜능 스님께서는 "부처는 자기 성품 속에서 이룰 것이지 자기 밖에서 구하지 말라."고 가르치신 바가 있다.

그러나 이 말씀은 본심本心을 바로 가르친 것이다. 이치대로만 말한다면 참으로 그렇지만, 현상으로는 아미타불의 사십팔원四十八願이 분명히 있고, 극락세계가 확실히 있는 것이다.

그러므로 누구나 일심으로 열 번만 염불하는 이도 그 원의 힘으로 연꽃 태胎속에 가서 나고 쉽사리 윤회에서 벗어난다는 것을 삼세의 부처님들이 다같이 말씀하시고, 시방세계의 보살들도 모두 그 곳에 태어나기를 발원했던 것이다.

더구나 옛날이나 지금이나 극락세계에 왕생한 사람들의 행적이 분명하게 전해오고 있으니, 공부하는 이들이 잘못 알아서는 아니된다.

아미타阿彌陀란 우리말로 '무한한 목숨無量壽' 또는 '무한한 광명無量光'이란 뜻으로, 시방삼세에 첫째가는 부처님의 명호이다. 수행시의 이름은 법장 비구였다. 세자재왕世自在王 부처님 앞에서 마흔여덟 가지 원을 세우고 이렇게 말하였다.

"제가 성불할 때에는 시방세계의 무수한 하늘과 인간들은 더 말할 것도 없고, 작은 벌레까지도 일심으로 제 이름을 열 번만 부를지라도 반드시 저의 세계에 와서 나게 하여지이다. 만약 이 원願이 이루어지지 못한다면 저는 성불하지 않겠습니다."

옛 어른이 말씀하기를 "염불 한 소리에 악마들은 간담이 서늘해지고, 그 이름이 저승의 문서에서 지워지며 연꽃이 금못에 나온다." 하였으며, 또한 "어린애가 물이나 불에 쫓기어 큰 소리로 부르짖게 되면 부모들이 듣고 급히 달려와 구원하는 것과 같이, 사람이 임종할 때에 큰 소리로 염불하면, 부처님은 신통神通을 갖추었으므로 반드시 오셔서 맞아갈 것이다. 부처님의 자비는 부모보다 더 지극하고, 중생의 나고 죽는 고통은 물이나 불의 피해보다도 더 심하다." 라고 하였다.

만일 누가 말하기를 "자기 마음이 정토淨土인데, 새삼스레 정토에 가서 날 것이 무엇이며, 자기 성품이 아미타불인데 따로 아미타불을 보려고 애쓸 것이 무엇인가?" 라고 한다면, 이말이 옳은 것 같지만 사실은 그렇지 않다.

저 부처님은 탐하거나 성내는 일이 없는데, 그럼 나도 탐하거나 성내는 마음이 일지 않는가? 저 부처님은 지옥을 연화세계로 바꾸기를 손바닥 젖히듯 하신다는데, 나는 죄업으로 지옥에 떨어질까 오히려 겁을 내면서 어찌 그걸 바꾸어 연화세계가 되게 한단 말인가? 저 부처님께서는 한량없는 세계를 눈앞에 놓인 듯 보시는데, 우리는 담벼락 너머의 일도 모르면서 어떻게 시방세계를 눈 앞에 본단 말인가.

그러므로 사람마다 성품은 비록 부처이지만 실제 행동은 중생이다. 그 이치와 현실을 말한다면 하늘과 땅 사이처럼 아득하다. 규봉 선사가 말하기를 "가령 단박 깨쳤다 할지라도 결국은 점차로 닦아가야 한다." 고 하였으니 참으로 옳은 말씀이다.

그러면 다시 자기 성품이 아미타불이라는 사람에게 물어보자. 어찌 천생으로 된 석가여래와 자연히 생긴 아미타불이 있는가? 스스로 헤아려 보면 그냥 저절로 알게 될 것이다.

임종을 당해 숨이 끊어지는 마지막 큰 고통이 일어날 때에 자유자재할 수 있겠는가? 만약 그렇지 못하다면 한 때에 만용을 부리다가 길이

악도惡道에 떨어지는 후회막급의 누를 범하지 말아야 할 것이다.

또한 "마명보살이나 용수보살이 이미 다 조사이면서도 분명히 말씀하여 왕생하는 길을 간절히 권했거늘, 나는 어떤 사람이라고 왕생을 부정하겠는가?"

'나무 아미타불' 여섯 자 법문은 윤회를 벗어나는 지름길이다. 마음으로는 부처님의 세계를 생각하여 잊지 말고, 입으로는 부처님의 명호를 똑똑히 불러 산란하지 않아야 한다. 이와같이 마음과 입이 서로 합치되는 것이 염불念佛이다.

『선가귀감』

감산 대사
염불로 생사의 뿌리를
일념마다 잘라나가라

염불 수행으로 극락정토에 왕생하길 구하는 법문은, 원래 생사 윤회를 끝마치려는 큰 사업입니다. 그래서 "염불은 생사 윤회를 끝마친다."고 말합니다. 지금 사람들이 마음을 내는 것도 생사 윤회를 끝마치기 위하여 바야흐로 염불하려는 것입니다.

그런데 단지 부처님께서 염불이 생사 윤회를 끝마쳐 주실 수 있다고만 말할 뿐, 도대체 생사 윤회의 뿌리를 끊어 버리지 못한다면, 결국 어느 곳을 향해 염불한단 말입니까? 그리고 만약 염불하는 마음이 생사 윤회의 뿌리를 끊어 버리지 못한다면, 어떻게 생사 윤회를 끝마칠 수 있겠습니까?

그러면 도대체 어떤 것이 생사 윤회의 뿌리란 말입니까?

고인들이 말씀하시길, "업장이 무겁지 않으면 사바고해에 태어나지 아니하고, 애욕이 끊어지지 않으면 극락정토에 왕생하지 못한다."고 하셨습니다. 따라서 애욕의 뿌리가 생사 윤회의 근원임을 알 수 있습니다. 일체 중생이 생사 윤회의 고통을 받는 것은 모두 애욕의 허물일 따름입니다.

이 애욕의 뿌리를 더듬어 올라가 보면, 금생에 비로소 생긴 것도 아니고, 과거 한두 생이나 서너 생 전부터 있었던 것도 아닙니다. 이는 시작도 없는 까마득한 옛날에 최초로 생사가 있는 때부터 줄곧 세세생생 끝없이 몸을 받았다가 다시 버리기를 되풀이해 온 것으로, 이 모두가 애욕 때문에 돌고 또 돌아 오늘에까지 이른 것입니다.

그런데 오늘에사 바야흐로 염불 좀 하겠다고 마음을 내면서, 단지 부질없이 서방 정토에 왕생하기만을 기원하며, 애욕이 생사 윤회의 뿌리라는 말조차 모른다면, 어떻게 한 순간이라도 그 뿌리를 끊을 수 있겠습니까?

그리고 생사 윤회의 뿌리를 모른다면, 한쪽에서는 열심히 한답시고 염불하더라도, 임종 때에 눈앞에 나타나는 것은 단지 생사 윤회의 뿌리가 계속 자라나게 됩니다. 이와 같이 염불하는 것은 생사 윤회와 서로 아무 상관도 없으며, 이러한 염불은 여러분이 어떻게 하시든지 간에, 임종 때까지 꾸준히 염불하더라도, 임종 때에 눈앞에 나타나는 것은 단지 생사 윤회하는 애욕의 뿌리일 것입니다.

그때사 비로서 염불에 아무런 힘도 얻지 못함을 알게 되고 부처님이 전혀 영험하지 않다고 원망해 봤자, 그때는 후회해도 늦을 것입니다.

그래서 제가 권하노니, 이제 염불하는 사람들은 먼저 애욕의 뿌리를 끊어 나가십시오. 지금 당장부터 눈앞에서 바로 해 보십시오.

집에서 염불하는 재가 불자들한테는, 눈에 보이는 자녀·손자·재산 등 어느 것 하나 사랑스럽지 않은 게 없습니다. 그러한즉, 어느 한 가지 일이나 어느 한 순간도 생사 윤회에 대한 산 교훈이 아닌 게 없습니다. 마치 온몸이 불구덩이 속에 떨어져 타오르는 것처럼!

보통 사람들은 염불하는 순간에 더 마음속에 있는 애욕의 뿌리를 한 순간도 염두에서 놓아 버린 적이 없는 줄조차 모릅니다. 그러한 염불은 하더라도 절실하지 못한 염불이라고밖에 말할 수가 없습니다. 그런 염불은 겉보기에만 염불일 따름이며, 실질상 애욕이 주된 알맹이입니다. 단지 입으로만 염불한다고 할 뿐, 생각으로는 애욕이 자꾸 자라나는 것입니다.

가령 염불할 때 자녀들에 대한 애정이 눈앞에 나타나거든, 마음의 빛으로 스스로를 되돌이켜 보면서, 이렇게 물어 보십시오.

"이 염불 소리가 과연 이 애정을 이겨낼 수 있을까? 과연 이 애정을 끊어 버릴 수 있을까? 만약 이 애정을 끊어 버리지 못한다면, 도대체 어떻게 생사 윤회를 끝마칠 수 있을까?"

애정의 인연은 대부분 아주 익숙하고 친한데, 우리의 염불 공부는 이제 마음을 내어 몹시 낮설고 어설프며 또 절실하지 못하기 때문에, 아직 힘을 얻을 수가 없습니다.

지금 눈앞에 있는 애정의 경계가 나의 마음을 흔들어 대며 주인 노릇을 할 수 없어야만, 임종 때에도 그러한 애욕이 끝내 우리의 극락왕생極樂往生을 방해하지 못하는 것입니다.

그래서 제가 다시 한 번 당부하노니, 염불하는 사람들은 제일 먼저 생사 윤회 때문에 염불한다는 마음이 간절해야 되고, 생사 윤회를 끊겠다는 마음이 간절해야 합니다.

그래서 생사 윤회의 뿌리를 일념일념마다 싹둑싹둑 잘라간다면, 이 한 순간 한 순간의 염불이 바로 생사 윤회를 끝마치는 때가 됩니다!

어찌 꼭 섣달 그믐날(임종 때)이 되길 기다려서 바야흐로 생사 윤회를 끝마친단 말입니까? 그러면 이미 때가 늦고도 아주 늦을 것입니다. 그래서 흔히들 "눈앞에 모두 생사 윤회의 일들이니, 눈앞에서 생사 윤회를 깨끗이 끝마치세." 라고 하지 않습니까?

이렇듯이 일념일념마다 진실하고 간절하게 염불하여, 한칼 한칼마다 섬뜩이는 피를 봅시다. 이렇게 마음을 써서 염불을 하는데도 만약 생사 윤회를 벗어나지 못할 것 같으면, 모든 부처님들이 거짓말 죄의 구덩이에 떨어질 것입니다.

그러므로 재가불자나 출가스님을 막론하고, 단지 생사 윤회의 마음만 제대로 안다면, 그게 바로 생사 윤회를 벗어나는 시절이 됩니다. 어찌 그밖에 달리 특별하고 미묘한 법문이 있겠습니까.

『염불절요 念佛切要』

경허 대사
일심불난一心不亂에 의지해 해탈한다

만약 일심불란一心不亂(마음에 흐트러짐 없이 오로지 한 가지 일에만 마음을 기울임)이 남의 힘이라고 한다면 깨어 살피고 고요함을 균등히 지님이 어찌 남의 힘이 아니며, 만약 깨어 살피고 고요함을 균등히 지님이 자기의 힘이라면 일심불란이 어찌 자기의 힘이 아니겠는가. 그러한즉 일심불란과 깨어 살피고 고요함을 균등히 지님에 과연 어떤 것이 더디고 빠르며 무엇이 어려우며 쉬운 것인가.

대개 십지十地 이상 보살도 오히려 보신불報身佛의 정토를 전부 보지 못하는데 번뇌에 얽힌 범부가 능히 생사를 해탈함은 그 공덕이 온전히 일심불란을 의지함이다. 만약 일심불란이 되지 않으면 어찌 단번에 벗어버리겠는가.

대개 모양이 곧으면 그림자도 단정하고 소리가 크면 메아리도 웅장하고 착하게 살면 천상에 나고 악하게 살면 지옥에 들어가며, 청정하여 어지럽지 않은 마음으로 살면 생사에 해탈하며 불국정토에 나나니 이것이 필연의 이치이다. 만일 그렇지 않다고 하면 어찌 모양은 굽은데 그림자는 곧을 수 있으며, 소리는 작은데 메아리는 클 수 있겠는가. 뿌리를 북돋아 주지 않고 가지와 잎이 무성하기를 바라며 기초를 단단히 쌓지 않고 건축물이 기울어지지 않기를 바라는 자는 어리석지 않으면 미혹한 사람이다.

청허 화상(서산 대사)도 자기의 힘과 남의 힘 이야기를 인용하여 왕생하기를 깊이 권하였지만은 산란심으로 생사를 해탈한다는 글은 보지 못하였다. 경에 이르기를 "부처님께서 중생들이 생사고해에 빠진 것을 보기를 마치 사랑하는 어머니가 어린 자식이 물불을 모르고 뛰어드는 것을 보는 것과 같다." 하였다. 그러니 명호를 부르는 이는 구제하여 주고 명호를 부르지 않는 이는 구제하여 주지 않는다면 이것이 말이나 되겠느냐.

가석하다. 근래의 수행인들을 보니 능히 참되고 바른 스승과 도반을 찾아 도道의 안목眼目을 결택決擇하지 못하고 온전히 남의 힘만 의지하며 그저 부처님 명호만 외우고 부처님이 구제해 주기만을 바라다가, 그 공력이 궁극에 가서는 모두 마구니에게 포섭되는 것을 내가 보고 듣고 허물을 증거할 수 있는 것이 그 수가 매우 많도다. 대개 발심해서 수행을 하고저 하면은 그릇 삿된 마구니에게 떨어지니 슬프지 아니한가.

조사가 이르기를 "생각한다는 것은 마음에 지녀 잊지 않는다는 것이다." 하였으며, 또 이르기를 "염불하면서 만약 생각하지 않는다면, 그 염불은 참된 염불이 아니다." 하였고, 또 이르기를 "돌이켜 비추어서 어둡지 않음이 바름이다." 하였으며, 또 이르기를 "본래의 참 마음을 지키는 것이 시방세계의 모든 부처님을 생각하는 것보다 낫다. 내가 만일 너를 속인다면 십팔지옥에 떨어질 것이요, 네가 나를 믿지 않을 것 같으면 세상에 태어날 때마다 호랑이에게 잡혀 먹히리라." 하였으니, 이와같은 이야기가 어찌 황당한 말씀이랴.

『경허집』

허운 대사
듣는 자기의 성품을 돌이켜 들으라

화두가 아직 잘 들리지 않고 망상과 혼침이 많은 사람은, '염불하는 것은 누구인가[念佛是誰]?' 할 때의 그 '누구인가[誰]?' 를 보라[看]. 망상과 혼침이 적어질 때까지 보다가 '누구인가' 가 사라지지 아니할 때, 곧 그 한 생각이 일어나는 곳을 보라. 한 생각도 일어나지 않을 때가 되면 무생無生이니, 능히 일념무생을 보게 될 것이다. 이를 이름하여 참으로 화두를 본다[看話頭]고 하는 것이다.

어떤 이는 관세음보살의 '반문문자성反聞聞自性(듣는 자기의 성품을 돌이켜 듣는다)'하는 것이 어떻게 참선이 되느냐고 묻는다. 내가 이제 말하겠다. '조고화두照顧話頭(화두를 비춘다)'라는 것은 바로 그대로 하여금 시시각각 밝고도 또렷한 일념으로 마음빛을 돌이켜[回光] 이 (한 생각이) 나지도 않고 없어지지도 않는 그 자리[不生不滅]를 반조返照하라는 것이다. 그리고 '반문문자성'이라는 것은 바로 그대로 하여금 시시각각 밝고도 또렷한 일념으로 듣는 자기의 성품을 돌이켜 들으라는 것이다. 회回는 곧 반反이오, 나지도 아니하고 없어지지도 아니하는 것은 곧 자성이다.

들음[聞]과 비춤[照]은 바로 흐를[順流] 때에는 소리[聲]를 따르고 빛[色] (형상)을 좇아가지만, 들음[聽]은 소리를 넘어서지 못하고 봄[見]은 빛을 넘어서지 못하며 분별이 뚜렷하다. 그러나 거꾸로 흐를[逆流] 때에는 듣는 자기의 성품을 돌이키게 되어 소리와 빛을 좇지 아니하여, 원래 하나인 정명精明한 들음과 비춤이며 별개의 두 가지가 아니다.

그러므로 우리는 이른바 '화두를 비춘다'거나 '듣는 자기의 성품을 돌이켜 듣는다'거나 하는 것이 절대로 눈으로 보거나 귀로 듣는 것이 아님을 알아야 한다. 만약에 눈으로 본다거나 귀로 듣는다면 이는 소리와 빛을 좇아 사물에게 부림을 당하는 것이어서 순류順流라 부른다. 만약에 밝고 또렷하게 빛나는 한 생각이 '나지도 않고 없어지도 않는 것' 가운데서 소리와 빛을 좇지 아니하면 이를 역류逆流라 하며, 화두를 비춘다고도 하고, 돌이켜 자성을 듣는다고도 한다.

『참선 요지』(대성 스님 역)

담허 대사
모든 것이 유심소현唯心所現이다

이른바 '자성미타 유심정토自性彌陀 唯心淨土' 이다. 중생이 바로 부처이고 부처가 중생이다. 모든 것이 이 성품 속에 갖춰져 있다. 심즉토 토즉심心卽土 土卽心 모든 것이 유심소현唯心所現 (오직 마음에서 나타난 것)이다.

다만 염불의 공부가 어느 정도인지 봐야 한다. 만약 신信, 원願, 행行이 견고하여 확고부동하면 자성과 불성이 타성일편打成一片(하나로 똘똘 뭉쳐)하여 그 자리가 자성이 불성이고, 불성이 자성인 것이다. 부처님은 무량수고 중생 또한 무량수다. 부처님은 무량광이며 중생도 무량광인 것이다.

아미타불은 극락세계의 '의정이보 상호장엄依正二報 相好莊嚴'이 있고, 중생에게도 의정이보 상호장엄이 있다. 『아미타경』에 이르기를 "모두가 아미타부처님이 법의 소식을 널리 펴기 위해 변화하여 만들어진 것이다." 하셨다. 이 경문 속에서 서방 극락세계의 갖가지 경계는 모두 아미타부처님의 복덕福德과 업상業相에 따라 유심소현唯心所現임을 증명할 수 있다. 부처님이 이렇게 나타낼 수 있다면, 중생의 성품과 불성 또한 다르지 않는데 중생은 어찌 나타낼 수 없단 말인가.

그러므로 자성에는 미타이고 유심에는 정토이다. 성품 속에는 어느 것이 중생의 변두리고 어느 것이 부처님의 변두리인지 분별할 수 없으며, 정토에도 무엇이 유심적이고 무엇이 비 심적인지 가려지지 않는다. 서방미타와 자성미타, 서방정토와 유심정토는 분리할 수 없는 하나의 전체이기 때문이다.

하지만 반드시 알아야 할 것은, 유심이란 사람들이 말하는 가슴속의 그 육진녹영六塵綠影(육진의 그림자)의 망심妄心이 아니라 법법유심法法唯心을 일컫는다. 또 자성自性이란 사대四大가 잠시 모여 이루어진 이 몸의 습성을 말하는 것이 아니라 중생들이 본래 갖고 있는 자성을 말하는 것이다.

염불하는 사람은 매일 아미타경을 읽는데 이 점을 확실히 알아둬야 하며 자신의 믿음을 견고하게 해야 한다.

한마디 아미타불을 불러 상응相應하면 육근청정을 얻을 수 있다.

지금 염불하는 동안에 눈은 항상 부처님을 바라보니 안근眼根이 청정이요, 귀는 자신과 대중의 염불소리를 들으니 이근耳根이 청정이요, 코는 향로속의 향기를 맡으니 비근鼻根이 청정이요, 혀는 염불만 하니 설근舌根이 청정이요, 이 몸은 청정한 도량에서 매일 부처님께 절을 올리니 신근身根이 청정이요, 염불하고 절하고 마음속으로 부처님을 생각하니 이것은 의근意根이 청정이다.

육근이 청정하면 삼업三業도 따라 청정해 진다.

삼업이 청정하니 몸으로는 살생殺生, 투도偷盜, 사음邪淫, 입으로는 망어妄語, 기어綺語, 양설兩舌, 악구惡口, 의意로는 탐貪, 진瞋, 치痴가 일어나지 않으니, 그 자리가 바로 십선업十善業인 것이다.

수행자가 가장 대치하기 어려운 것이 신·구·의身口意 삼업三業인데 한 마디의 아미타불로 삼업을 거두어 끌어 잡을 수 있다. 오랜 시간 지속되면 관염觀念이 성숙되고 정인淨因이 증장하여 임종시에 결정코 극락왕생을 할 것이다.

보통 사람들은 부처가 되는 것을 아주 어렵게 생각하는데 사실상 어렵지가 않다. 부처와 중생은 모두 일종의 관념의 공부로 이루어졌다. 부처님의 일념에는 십법계十法界가 구족하고 중생의 일념에도 십법계가 구족하다.

만약에 한 생각 탐심貪心이 생겨나면 아귀餓鬼이고, 한 생각 진심瞋心이 생겨나면 지옥이며, 한 생각 치심癡心이 생겨나면 축생畜生이다. 또 한 생각 의만심疑慢心이 일어나면 수라修羅이며, 한 생각이 오상五常, 오계五戒에 떨어지면 인도人道이고, 한 생각이 상품십선上品十善에 떨어지면 천도天道이다.

만약에 사성제四聖諦를 관념하면 성문聲聞이고, 12연기緣起를 관념하면 연각緣覺이다. 육바라밀을 관념하면 보살이고, 자리이타自利利他와 만행평등萬行平等을 관념하면 곧 부처이다. 또 마치 세상 사람들이 각자의 관념이 있듯이 사士, 농農, 공工, 상商, 군軍, 정政, 경警, 학學이 모두 관념觀念으로 이루어 졌다. 자신이 무엇을 관념하면, 곧 그 무엇이 된다.

『염불론念佛論』(묘음 스님 역)

전등 대사
자력과 타력이 함께 갖추어진 염불

불·보살님께서 말씀말씀마다 유심정토唯心淨土의 핵심 종지를 밝히셨고, 구절구절마다 본성미타本性彌陀의 미묘微妙법문을 연설하셨습니다.

이 법문을 깨닫는 자는, 중생의 마음과 부처님 마음이 평등하며, 마음의 정토와 부처님 정토가 조금도 다르지 않음을 통달하게 됩니다. 또 이 법문을 수행하는 자는, 미묘한 관조觀照와 미묘한 경계가 서로 딱 들어맞고, 자력과 타력이 함께 나란히 갖추어짐을 체득하게 됩니다.

하물며 본래 지닌 공덕력까지 어우러져, 시작도 없는 본래 성품이 갖춘 공덕이 이 염불수행으로 말미암아 온전히 드러나고, 영겁토록 쌓아온 공덕이 이를 계기로 단박에 펼쳐지면 오죽하겠습니까?

그런 까닭에 사바세계의 과보가 다 차면, 정토가 눈앞에 나타나 연꽃 봉오리에 홀연히 생겨나고, 더 이상 생사 윤회의 음계에 미혹되지 않습니다.

『정토법어 淨土法語』

인광 대사
수행의 과정이자
성품 자체인 염불법

정토법문은 석가모니불과 아미타불께서 세우시고, 문수보살과 보현보살이 중생들을 귀의하도록 지도했다. 또 마명보살과 용수보살이 크게 떨치고, 광려·천태·청량·영명·연지·우익 등의 대사들이 힘써 수행하고 전파하셨다.

이는 지혜로운 성현이나 어리석은 범부 할 것 없이 모든 중생에게 두루 권장하기 위함이다.

미혹과 업장을 끊지 못함에도 부처의 후보자리에 함께 참여할 수 있

고, 금생 한번의 수행으로 사바 윤회의 울타리를 틀림없이 벗어날 수
있다.

참으로 단박에 이루면서도 지극히 원만하고 지극히 간단하며 쉬운
길이다. 선종, 교종, 율종을 두루 하나로 포괄하면서 그들을 훨씬 초
월하고 얕으면서도 깊고 권權의 방편이면서 실상實相 자체라오. 이렇듯
아주 특수한 천연의 미묘법문이기 때문에 정토 법문을 전하신 것이다.

염불할 때 마음이 하나로 잘 집중되지 않으면 마땅히 마음을 추스리
고 생각을 절실하게 하라. 그러면 마음이 저절로 통일될 것이다.

마음을 추스리는 방법은 지성과 간절보다 더 나은 게 없다. 마음이
지성스럽지 않으면 추스리려 해도 별 도리가 없다.

지성을 다하는데도 마음이 순수히 통일되지 않으면 귀를 기울여 잘
들도록 하라. 소리를 내든 내지 않든 염불은 모두 모름지기 생각이 마
음에서 일어나 소리가 입으로 나오고 그 소리가 다시 귀로 들어가야
한다.

묵송의 경우 비록 입을 움직이지는 않지만 생각의 차원에서는 이미
그 소리의 모습이 있기 마련이다. 마음과 입으로 또렷또렷하게 염송
하고 귀로 또렷또렷하게 듣는다면 마음이 오롯이 추스려지면서 잡념
망상이 저절로 사라지게 된다.

그런데 더러 망상의 물결이 용솟음쳐 오르거든 십념법十念法(아미타불을 열 번 염하는 것)으로 횟수를 세어 보라. 이렇게 온 마음의 힘을 고스란히 부처님 명호 염송하는 소리 하나에 갖다 바치면 비록 망상을 일으키고 싶어도 여력이 없을 것이다. 이것이 마음을 추스려 염불하는 궁극의 미묘법문이오. 여러번 시험하여 여러 번 효험을 확인한 결과 드리는 말씀이니, 근거없이 가볍게 지껄이는 추측으로 여기지 말라.

염불하면서도 염불함이 없고 염불함이 없으면서도 염불하는 이는 염불이 상호 감응하는 때에 이름이라. 비록 항상 염불하면서도 마음을 움직이거나 생각을 일으키는 모습이 전혀 없다. 이것은 염송과 염송이 끊이지 않고 이어지는 때인 것으로, 이러한 경지는 얻기가 결코 쉽지 않으므로 함부로 망상이나 오해를 해서는 안 된다.

반드시 생각이 마음에서 일어나 소리가 자기 귀로 들어가면서 한 글자 한글자가 또렷또렷 살아있고, 한 구절 한 구절이 흐트러지지 않도록 염송해야 한다.

이렇게 염불을 오래 계속하다 보면 저절로 한덩어리가 되어, 염불삼매를 몸소 증험하고 서방 정토의 풍취를 스스로 알게 될 것이다.

철오徹悟 선사께서 일찍이 "정말로 생사를 위해 보리심을 내고 깊은 믿음과 발원으로 부처님 명호를 지송하라."고 가르치셨다. 이 16글자는 정말로 염불법문의 큰 강령綱領이요, 종지宗旨이다. 대보리심을 발하고 진실한 믿음과 서원을 내어, 평생토록 오직 나무 아미타불 명호만 굳게 지니고 염송하기 바란다.

염송이 지극해지면 모든 감정을 잊어버리고 염송 그 자체가 무념無念이 되어 선종과 교종의 미묘한 의리義理가 저절로 철저하게 나타나게 될 것이다. 그러다가 임종에 이르면 부처님과 보살님이 몸소 오시어 직접 맞이해 갈 것이니, 곧장 최상의 품위品位에 올라 앉아 무생법인無生法忍(불생불멸의 진리를 깨닫는 것)을 증득하게 된다.

오직 한 가지 비결이 있을 따름이니 정말 간절히 일러 주노라. 정성을 다하고 공경을 다하면, 미묘하고 또 미묘하고 미묘하리로다竭誠盡敬, 妙妙妙妙.

『인광대사 가언록印光大師 嘉言錄』(보적 김지수 역)

묘법 스님
'누가 염불하는가?' 의심하라

문 : "『능엄경』의 돌이켜 들으며 자성을 듣는 것反聞聞自性은 염불과 무슨 관계가
있습니까?"

답 : "염하지 않아도 저절로 염하게 될 때 반문反聞은 돌이켜 듣는 것
[反聽]이 되며, 그렇게 듣게 될 때, 돌이켜서 '누가 염불하는가'
하고 의심을 하게 되면, 곧 얼마 지나지 않아서 삼신불三身佛(법
신·보신·화신불)을 볼 수 있게 된다."

문 : "어떻게 음성을 들어 도를 깨닫습니까?"

답 : "귀로 듣는 것은 청聽이며, 마음으로 듣는 것은 문聞이며, 마음
으로 듣게 되면 도를 깨닫게悟道 된다."

문 : "무엇이 마음으로 들어 도를 깨닫는[心聞悟道] 것입니까?"

답 : "염불공부의 관점에서 말하면, 염하지 않아도 염하게 되는 것
이 염불의 사일심事一心 경지이며, 반문反聞이 반청反聽이 되며,
염불을 반청反聽하게 될 때 반문反問하기를 '염불하는 놈이 누
구인가?' 하면 곧 본심本心을 보게 되어 도를 깨닫게 된다."

문 : "선禪과 정淨을 같이 닦을 수 있습니까?"

답 : "선이 있고 정이 있으면 금생에 반드시 인천人天의 스승이 된다.
무생법인無生法忍에 들어가는 것이 정이며 선이다. 정토는 비록
방편으로 접인接引하여 무생법인에 들어가지만, 선禪은 별도의
근기가 있으면 바로 무생인에 들어간다."

문 : "스님은 어떻게 삼신불을 보게 되었습니까?"

답 : "나는 일곱 살 때 부모를 모두 잃고 13세에 출가하였다. 스승
이 나를 집 없는 아이로 여겨 받아주었다. 나는 대중들이 오음
염불하는 것을 듣고 나도 따라서 염불하였다. 저녁에도 잠자

지 않고 불전에서 염불하였다. 염불이 염하지 않아도 저절로 염하게 되었을 때 사방에서 염불하지 않는 곳이 없게 되었다. 불전 위, 공중, 탁자, 의자 등도 모두 염불하는 것을 듣게 된 것이다.

나는 사방에서 염불이 끊이지 않는 것을 듣고 ‘누가 염불하는 것인가?’ 하고 의심하게 되었다. 3일 동안 부처님을 돌면서 염불하는데, 평평한 길에서 미끄러져 넘어졌다. 하지만 넘어진 게 좋은 일이었다. 넘어지면서 바로 한소식 하게 된 것이지. 나는 곧 일어나 말했다. ‘석가모니부처님이 말씀하시기를 한 구句도 법을 설하지 않았다고 하셨는데, 정말로 한 구도 설하지 않았군.’ ”

“나(묘법 스님)는 여러분에게 직언하고자 합니다. 선禪과 정淨을 함께 닦으면 왕생의 품위가 극히 높아집니다. 달마 대사께서 하신 말씀이 있습니다. 모든 중생은 동일한 진성眞性을 가지고 있지만 객진 망상으로 덮여있어 드러나지 못하는 것입니다. 만약 망상을 쉬고 참됨으로 돌아가 벽관壁觀으로 정신을 집중하면 자타自他가 없어지며 범부와 성인이 같아집니다.”

염하지 않아도 저절로 아미타불이 염해지면,

돌이켜 듣고 누가 염불하는가 하고 의심을 하여야 하네.

의정疑情은 사대가 공하고 자기가 없으며

무아의 경지 때 또 누구인가?

한적하게 공적함을 지키지 말고

시간을 다잡아 반문하면 견고한 관문을 깰 수 있네.

오음의 망상경계는 환화幻化이며

욕망과 비정은 물거품에 속하네.

경계가 나타나면 성스러운 것도 아니니 좋아하지 말고

독두의식 홀연히 적정寂靜이 생기며 생각이 쉬어지네.

돈오점수頓悟漸修와 선정쌍수禪淨雙修로

객진번뇌는 염불로 변화되네.

『현대인과실록』(오대산 노스님의 인과이야기, 정원규 역)

청화 스님
바른 성불의 길, 실상관實相觀

실상관實相觀은 우주의 전모를 한꺼번에 관찰하는 법입니다. 물론 우리는 지금, 범부의 영역에 있으므로 불성을 못 봅니다. 부처님의 참다운 생명도 못 보고 부처님의 지혜도 우리는 모릅니다. 또한 부처님의 지혜란 것은 말이나 문자로 표현도 못하고 생각으로 헤아리지도 못합니다. 따라서 어느 개념이나 어떤 말 몇 마디로 부처님의 실상實相을 한꺼번에 몰록 다 말할 수는 없습니다.

진리라는 것은 다른 말로 하면 진여眞如 또는 도道, 열반涅槃, 극락, 법성法性 또는 불성, 실재實在, 자성自性, 청정심淸淨心 등 모두가 다 표현만 다르지 내용이나 뜻은 똑같습니다. 그때그때 부처님께서 중생의 근기 따라서 또는 각 경전 따라서 표현만 달리했을 뿐입니다.

이러한 진여는 즉, 말이나 또는 문자로 표현하지 못하는 진리의 당체當體, 진리 그 자리는 '리언진여離言眞如'라, 말씀을 여읜 진여라는 말입니다. 말씀을 떠나버린 진여, 진리 자체를 우리 범부들은 못 봅니다. 마치 물질을 분석해 나가서 궁극에 텅 빈 장場이 되어버리면 그때는 어떤 소립자素粒子도 없이 텅 비어서 어떠한 전자현미경으로도 못 봅니다.

그러나, 도인들은 텅 비어버린 그 자리를 분명히 본다는 것입니다. 그런데 말로는 다 표현을 못 합니다. 그러한 말로 표현하지 못하는 그 자리는 부처님 말씀에도 "아라한도阿羅漢道를 성취한 성자가 몇 천만년을 두고 부처님 공덕을 말해도 다 말할 수 없다."고 하셨습니다. 그와 같이 개념적으로는 표현을 못합니다. 따라서 진리당체 자리는 말씀을 떠난 진여라는 말입니다.

그러나 그런 자리도 역시 부처님의 심심미묘深甚微妙한 지혜로써 밝혀 놓은 '의언진여依言眞如'라, 말씀에 의지한 진여라는 말입니다. 부처님께서나 도인들은 중생이 불쌍하니까 비록 말씀을 가지고서 말로는 다 표현 못하지마는, 그래도 부처님의 심심미묘한 지혜로서 가장 간명하게 진여의 실상을 말씀하셨습니다. 그것이 소위 말하는 실상관입니다.

실상을 간단히 표현한 것이 어떤 것인고 하면, 천태지의(538~597) 선사의 식으로 표현한다면 '공空·가假·중中, 삼제三諦'라 합니다. 불교 철학 가운데서 제일 체계가 잘 선 것이 천태지의 선사의 천태학입니다. 말이 너무나도 전문적으로 들어갑니다만, 거기에 보면 우리가 수행하는 법 가운데서 가장 높은 법이 마하지관摩訶止觀인데, 그 법은 어떤 것인고 하면, 부처님의 실상, 우리 마음의 실상을 바로 관찰하는 법으로 공空·가假·중中 삼제三諦를 말합니다.

'공空'은 무엇인고 하면, 우리가 바로 볼 때 우주는 텅 비어있다는 말입니다. 참구하거나 분석해 보면 아무것도 없다는 것입니다.

그러나, 다만 비어있지 않고 빈 가운데는 현상적으로는 묘유妙有로 충만해 있다는 것입니다. 그 자리가 거짓 가 자 '가假'입니다.

또한 그러한 공空만도 아니고 또한 가假만도 아닌 것이기 때문에 '중도中道'라는 것입니다.

다른 말로 하면 변증법辯證法인 셈이지요. 공空도 아니고, 또 가假도 아니고 중도中道란 즉, 말하자면 정正도 아니고 반反도 아니고 합合이라는 말입니다. 이렇게 부처님의 실상을 표현했습니다.

조금 더 간추리면 진공묘유眞空妙有라는 말로 표현했습니다. 천지우주는 바로 보면 그저 텅 비어서 물질은 본래 없는 것입니다. 사실, 물질은 본래 없는 것입니다. 우리 불자님들이나 현대인들은 분명히 알아야 합니다. 물질은 본래 없습니다. 다만, 무엇인가 알 수 없는, 하나의 파동波動에 불과합니다. 지금은 물리학도 그러한 것을 증명하고 있습니다. 무엇인가 알 수 없는 그 무엇의 파동, 그것이 물질에 지나지 않습니다.

불교에서는 그러한 문제를 보다 더 극명하게 세밀히 풀이했습니다. 그것은 무엇인고 하면, '물질은 하나의 염파念波에 불과하다' 곧, 우리 생각의 파동에 불과하다는 것입니다.

조금 더 어렵게 말하면 '천지우주는 모두가 다 중생의 공업력共業力으로 이루어졌다' 는 말입니다.

산山이나 내川나 천지우주가 사람의 마음으로 이루어졌다고 하면 처음에는 믿기가 어렵습니다. 그러나 사실은 그렇습니다. 우리 중생의 생각하는 힘인 업력業力이 쌓이고 모여서 전자電子가 되고 또는 양핵陽核이 되어서 천지우주가 이루어진 것입니다. 이런 것을 불교에서는 말씀을 다 하고 있습니다. 물론 아직은 물리·화학적으로 증명한 것은 아니지요.

아무튼, 실상경계는 아까 말씀드린 진공묘유라, 원래 물질은 텅 비어서 없는 진공眞空이고, 다만 텅 비어서 없는 것이 아니나 묘유妙有라, 묘한 무엇인가가 있다는 것입니다. 그러나 우리 중생은 추유(麤有) 즉, 거치러운 것 밖에는 못 봅니다. 우리 중생은 더러운 것 밖에는 못 봅니다. 참다운 묘유妙有는 못 봅니다.

우주의 실상은 진공인 동시에 바로 묘유입니다. 공空인 동시에 가假요, 공도 아니고 가도 아니기 때문에 중도中道입니다. 법신法身만도 아니고 보신報身만도 아니기 때문에 그야말로 참, 아미타불인 것입니다.

따라서, 많은 수행법이 있으나 그와 같은 실상묘법實相妙法으로, 비록 지금 내가 못 봤지만 '내 몸뚱이나 내 마음이나 천지우주 생명이나 모두가 다, 진공묘유로구나' 반야심경식으로 하면 '색즉시공色即是空이구나', 조금 더 변증법적으로 말하면 '공·가·중空假中이구나', 여기다가 생명을 부여하면 그때는 '법신, 보신, 화신 아미타불이구나' 이렇게 납득하는 것이 우주만유의 본질, 실상을 알고 들어가는 것이 됩니다.

그 자리를 딱 짚어야 합니다. 그래가지고 참선도 하고 염불을 해야 공부가 가속도로 나아가집니다.

『보적경』에 이런 말씀이 있습니다.

"백천만겁 구습결업百千萬劫 久習結業

  이실상관 즉개소멸以實相觀 卽皆消滅 이라."

우리 중생은 누구나가 다 백천만겁 동안 익히고 쌓인 그런 업장이 있습니다. 미워하고 또는 사랑하고 또는 분별하고 말입니다. 이러한 업장들이 실상을 관찰하는 것으로써 즉시에 다 소멸된다는 말입니다.

앞서 말씀한 바와 같이, 우리가 반야심경식으로 해서 공^空을 관찰해도 무방하고, 화두^{話頭}를 참구해서 의심해도 무방합니다. 또는 그냥 부처님의 이름만 외워도 무방합니다. 관세음보살, 나무 아미타불해도 무방합니다. 다 성불하는 법^法입니다.

그러나 가장 가까운 길인 참선식으로 하는 법은 우리 마음을 바로 실상에다 안주^(安住)해 버리는 것입니다. 그래야 선이 됩니다. 어느 특정적이거나 지엽적인 문제가 아니라, 진리의 본체에 다가 마음을 딱 두어야 참선이란 말입니다.

비록 화두를 들고, 또는 공을 관한다 하더라도, 공이나 화두 그것이 실상을 대변하면 좋지마는 그냥 공에 치우치고 또는 상대적인 의심에 치우쳐 그것만이 전부라고 하면 그때는 참선이 못됩니다.

『청화 선사 어록』

일타 스님
한숨에 108번
불·보살 명호를 외우라

염불을 한다고 하여 꼭 아미타불만을 염하여야 한다는 것은 아니다. 허약한 이라면 약사여래를 외워도 좋고, 현세의 행복이 급하면 관세음보살을, 먼저 가신 분들을 천도하고 싶으면 지장보살을, 지혜를 이루고자 하면 비로자나불이나 문수보살을 염하여도 좋다.

실로 예로부터 전래되는 염불법은 수없이 많다. 입으로만 아미타부처님의 명호를 부르는 칭명염불稱名念佛이 있는가 하면, 고요히 앉아 부처님의 형상을 관념觀念하는 관상염불觀相念佛도 있고, 일체만유의 진실한 자성인 법신法身을 관하는 실상염불實相念佛도 있다.

그리고 좌선할 때처럼 고요히 앉아서 부처님을 생각하는 정업염불定業念佛, 가나 있으나 앉으나 누우나 한결같이 염불하는 산업염불散業念佛도 있으며, 더러운 세계를 싫어하여 정토에 왕생하기를 구하며 염불하는 유상업염불有相業念佛이 있는가 하면, 비록 염불하여 정토를 구하나 자기 몸이 곧 정토라고 보는 무상업염불無相業念佛도 있다.

내가 불자들에게 많이 권하는 것은 한 숨에 108번 불·보살의 명호를 외우는 염불법이다.

이 108염불법은 어떻게 하는가?

먼저 허리를 쭉 펴서 심호흡을 세 번 이상 하고 숨을 깊이 들이킨 다음, 꽉 찬 숨을 아껴서 한 번의 숨을 다 내쉬는 동안 아미타불이나 관세음보살·지장보살 등을 108번 부르는 것이다(이하 관세음보살로 통일함). 이때 108염주를 쥐고 있다가 한번 염불할 때마다 한 알씩 돌리면 된다. 왜 한 숨에 108번을 부르라는 것인가? 천천히 부르면 잡념이 많이 생기지만, 한 숨에 아주 빨리 108번을 부르면 집중이 잘 되고, 간절한 마음이 우러나기 때문이다.

처음에는 '관-세음-보-살, 관-세음-보-살' 하면서 천천히 시작하여 서너 번 지나면 점점 빨리 불러, 마침내는 한번 한 번 부르는 '관세음보살' 소리가 앞 뒤 간격이 없을 만큼 빠르게 불러야 한다. '나'

는 관세음보살을 부르고 있지만, 옆에서 듣는 사람은 무슨 소리인지 알아듣지 못할 정도로 빨리! 이렇게 빨리 부르면 능히 한 숨에 108번을 부를 수 있게 된다. 물론 처음에는 30번, 40번밖에 부를 수가 없다. 그렇지만 능력껏 부르고 숨을 깊이 들이키면서 속으로 소원을 세 번씩 기원한다. 그리고 다시 앞의 요령대로 관세음보살을 108번 부르고 기원, 또 108번 부르고 기원…….

이와 같이 세 차례 또는 일곱 차례 반복하면 자기 암시가 되어 자신감도 생기고 관세음보살님의 가피를 입어 능히 좋은 결과를 얻을 수 있게 되는 것이다. 나아가 한 숨에 108번 이상을 염할 수 있게 되면, 그는 이미 염불로 인한 염력念力이 생긴 자라고 할 수 있다. 그 정도의 염력이 생긴 자라면 참선수행을 하는 것도 좋고, 간경看經 수행 쪽으로 방향을 돌려 봄도 바람직하다.

또한 사람들 중에는 중병에 걸렸다거나 갑자기 사업이 망할 위기에 처했다거나 뜻하지 않은 재앙을 처하게 되어 염불을 하게 되는 경우가 많다. 이렇게 매우 다급한 경우에 처한 분들의 기도는 결코 한가할 수가 없다. 애가 타고, 애간장이 녹아날 것 같은 이라면 이것 저것 생각할 겨를이 없다. 그때는 입으로 불·보살의 명호를 염하면서 간절한 마음으로 매달려야 한다. 배고픈 아이가 어머니를 찾듯이, 목마른 이가 물을 찾듯이 불·보살님께 간절한 마음을 전하면 능히 소원을 이룰 수 있다. 단, 아주 다급한 소원인만큼 하루 일정 시간, 잠깐이 아니라 앉으나 서나 누우나 끊임없이 불·보살을 챙기도록 노력해야 한다.

나의 외증조할머니는 나이 일흔에 '나무 아미타불' 염불을 시작하여 여든 여덟의 나이로 돌아가실 때까지 한결같이 염불하였다. 살아 생전에도 가끔씩 신통력을 보였던 외증조할머니가 돌아가시자 정말 기적이 일어났다. 7일장七日葬을 지내는 동안 매일같이 방광放光을 하는 것이었다. 낮에는 햇빛에 가려 잘 보이지 않았으나, 밤이 되면 그 빛을 본 사람들이 '불이 났다' 며 물통을 들고 달려오기를 매일같이 하였다.

한결같은 염불정신! 그 결과는 반드시 우리를 불국정토에 머물 수 있게 한다. 한결같이 염불정진하는 분은 살아서나 죽어서나 부처님과 함께 하는 것이다. 부디 부지런히 염불하여 염불삼매를 이루어보라. 삼매에 젖어들면 능히 서대문(서방정토)을 통과하여 부처님께서 머무시는 보배궁전 속으로 들어갈 수 있나니…….

『일타 스님 법어집』